부부가 함께 세워져 가는
부부축복기도문

부부가 함께 세워져 가는
부부축복기도문

한기채 · 장동숙 지음

토기장이

결혼서약서

당신을 하나님이 주신 아내(남편)로 맞아 하나님과 부모님, 그리고 신실한 증인들 앞에서 사랑스럽고 신실한 남편(아내)이 될 것을 다짐합니다. 부요할 때나 가난할 때, 기쁠 때나 슬플 때, 건강할 때나 아플 때, 어떠한 경우에든지 하나님 앞에서 이 언약을 지키겠습니다.

일시:

남편: 아내:

부부의 하나 됨은 기도로부터 시작됩니다!

　남녀가 하나님 안에서 만나 하나가 되는 결혼생활에서 부부가 '하나 됨'을 경험할 수 있는 가장 좋은 방법은 바로 함께 '기도'하는 것입니다. 부부가 함께 드리는 기도는, 두 사람만의 연합이 아닌 하나님 안에서 연합하는 것이기 때문입니다. 오늘날 가정 붕괴의 근본적인 원인은, 가정에서 부부가 함께 또는 따로 드리는 기도가 사라진 것이라고 볼 수 있지 않을까 싶습니다.

　이 책의 저자 한기채 목사님은 사랑하는 딸의 결혼을 앞두고 곧 세워질 그 가정에 '기도'를 선물하셨습니다. 이 얼마나 아름다운 최고의 선물이며 지혜로운 선택인지요!

　아버지의 마음에서 출발한 이 「부부축복기도문」이 이제 막 결혼하는 신혼부부들에게만 아니라 모든 가정의 부부들이 함께 드리는 기도문으로 널리 사용되기를 소망하며 이 책을 기쁘게 추천합니다.

기도가 회복될 때, 한국의 가정들이 회복되고 새로워질 것이라 믿습니다. 또한 훗날 한 목사님처럼 결혼하는 자녀들에게 기도문을 선물로 전해 주는 부모들이 많이 나오길 기대해 봅니다.

이재훈 목사(온누리교회 담임)

기도는 최고의 사랑의 언어!

　신형과 준영이 만난 것은 세렌디피티(serendipity)의 은총이었습니다. 저는 설교자로 준영의 교회에 집회를 갔고, 그의 부모는 장로로서 교회를 대표하여 저희를 대접했습니다. 그곳에서 아이들은 처음 만났고, 사랑을 싹틔워 이제 결혼을 합니다. 저는 이들에게 줄 수 있는 최고의 선물이 무엇일까 오랫동안 생각했습니다. 결론은 기도였습니다. 그래서 이들이 행복한 결혼을 준비하는 일 년 동안 저는 이 기도문을 썼습니다. 제가 「자녀축복기도문」으로 저의 딸 신형을 아름답게 키운 것처럼, 이제는 행복한 부부가 되라고 「부부축복기도문」을 이들의 결혼 선물로 줍니다. 그러나 이 기도문은 이들만을 위한 것이 아닙니다. 제가 결혼 주례를 한 커플들, 그리고 결혼생활을 하는 모든 가정에게 주는 선물입니다.

제가 미국에서 목회를 할 때, 젊은 유학생 부부들에게 아주 유익한 책을 발견하고, 한국에 연락을 하여 번역 출간한 책이 게리 채프만의 「5가지 사랑의 언어」입니다. 영문학과 상담학을 전공하고 가정 사역을 하는 아내 장동숙이 번역을 했습니다. 게리 채프만이 말하는 5가지 사랑의 언어는 함께 하는 시간, 선물, 육체적 접촉, 인정하는 말, 봉사입니다. 서로를 축복하는 기도야말로 양질의 시간을 함께 하는 것이요, 최상의 선물이요, 육체적 접촉을 완성하는 영혼의 터치이며, 영혼까지 힘을 주는 격려요, 배우자를 위해 할 수 있는 최고의 봉사입니다. 결국 모든 사랑은 기도로 귀결됩니다. 기도하는 것은 곧 사랑하는 것입니다. 기도에는 모든 종류의 사랑의 언어가 담겨 있습니다. 기도만한 사랑이 없기 때문에 기도만큼 가정을 세우는 것도 없습니다. 배우자에게 기도로 사랑을 표현하십시오. 배우자를 위해 기도로 하나님께 아뢰기까지는 아직 사랑을 다 표현한 것이 아닙니다. 기도하는 가운데 우리의 사랑은 완성됩니다.

배우자를 위해 제일 많이 기도해야 할 것 같은데, 실제로는 그렇게 못하는 부부가 많이 있고, 기도를 한다고 해도 항상 틀에

박힌 기도를 할 뿐 구체적으로 어떻게 기도해야 할지를 모르는 부부도 많습니다. 이 책은 기도의 폭과 깊이를 더하고 싶은 분, 기도의 언어를 개발하고 싶은 분, 구체적으로 기도하기를 원하는 분들에게 도움을 주고자 했습니다. 이 기도문이 기도의 문을 열어 주고, 기도의 길을 인도해 주기를 바랍니다. 기도의 마중물이 되어 부부의 상황과 필요에 따라 기도를 이어가기를 바랍니다. 그래서 기도문을 "아멘"으로 마치지 않고 열린 기도로 만들었습니다. 각자의 기도를 더한 후에 "예수님의 이름으로 기도합니다. 아멘"으로 마치시면 됩니다.

알브레히트 뒤러의 "기도하는 손"을 볼 때 느끼는 것이지만 기도하는 손은 부부 생활을 닮았습니다. 부부는 소유지향적인 삶이 아니라, 존재지향적인 삶을 살아야 합니다. 소유지향적인 삶은 '깍지 낀 양손의 손가락'처럼 서로를 속박하여 부자연스럽게 합니다. 서로 통제하고 아픔을 주며 심한 경우에는 상처를 남기기도 합니다. 그러나 존재지향적인 삶의 자세는 '기도하는 손'입니다. 함께 모으고 기도하는 손은 영혼에 자유를 주고 더 크고 선하신 하나님의 사랑을 지향하며 하나님의 뜻에 동참하게 합니다. 가정은 인생의 높은 산을 오르기 위한 베이스캠프로 가정에서 쉼과 안정과 양식을 공급받아야 합니다. 부부는 함께 한 목표를 지향하면서, 서로를 지지하고 지탱해 주어야 합니다. 뿐만 아니라 서로에게 숨을 쉴 수 있는 자유로운 공간도 허용해 주어야 합니다. 부부는 서로 독립적이면서도 서로 의존되어 있습니다. 결혼생활은 '깍지 낀 양손의 손가락'이 아니라, 서로 하나님을 향해 두 손을 모은 손가락입니다. 기도하는 손은 깍지 낀 손이 아니라 하나님을 향해 모은 손입니다. 양손은 남편과 아내를 나타내기도 합니다만, 결국 그 손을 덮고 있는 하나님의 보이지 않는 손이 있습니다. 한 손은 전능자 하나님, 다른 손은 아버지 하나님입니다. 그리고 그 양손 안에 모든 것을 담는 것이 기도입니다.

우리를 향하신 하나님의 뜻은 "항상 기뻐하라 쉬지 말고 기도하라 범사에 감사하라"(살전 5:16-18)인데, 어떻게 항상 기뻐하고 범사에 감사할 수 있을까요? 이 세 가지를 모두 하기가 힘들면, 우선 항상 기도하면 됩니다. 기도를 하면 다른 것들은 따라옵니다. 기도하면 기쁨이 오고, 기도하면 감사가 넘칩니다. 사실 기도는 모든 축복의 문을 여는 열쇠입니다. 이 기도문으로 부부가 기도할 때 먼저 서로의 차이를 인정하십시오. 그리고 기도하기 전에 대화를 나누십시오. 자신의 변화를 위해 기도하십시오. 배우자의 변화를 위해서는 은밀하게 기도하십시오. 공동의 필요를 위해서는 함께 기도하십시오.

부부축복기도문이기 때문에 제 아내와 함께 공동 집필을 했습니다. 아내는 "남편을 위한 아내의 기도" 부분을 썼습니다. 집필하는 과정에 도움을 준 동역자들과 마더 와이즈 회원들에게 감사드립니다.

이 기도문으로 기도하는 남편과 아내를 축복합니다. 남편에게 존경과 감사, 칭찬과 긍정, 그리고 미소를 주는 아내가 되기를 바랍니다. 아내에게 사랑과 배려, 경청과 공감, 그리고 감동을 주는 남편이 되기를 바랍니다.

가나 혼인잔치에 오셔서 제일 처음 이적을 행하신 예수님! 여기 부부의 영혼, 마음, 육체, 가정, 자녀, 일터의 여섯 항아리의 물을 준비하였사오니, 맹물을 최상급 포도주로 변화시키신 주님의 능력으로 영혼에는 성령을, 마음에는 평안을, 육체에는 건강을, 가정에는 행복을, 자녀에게는 번성을, 일터에는 형통을 부어 주소서. 이 기도문으로 기도하는 가정에 하늘의 신령한 복과 땅의 기름진 복을 내려 주소서. 기도로 부부의 사랑이 더욱 깊어지고, 하나님의 은혜가 넘쳐나며, 하나님의 뜻을 이루는 가정이 되게 하소서. 예수님의 이름으로 기도드립니다. 아멘.

행복한 아내의 행복한 남편이 되기를 바라는
한기채

차례

추천의 글
프롤로그

1부_ 행복한 가정을 위한 기도 • 17

결혼하는 자녀를 위한 부모의 축복 기도문 • 가정의 행복을 구하는 기도 • 결혼하는 부부의 서로를 위한 감사 기도문 • 좋은 남편이 되기 위한 기도 • 좋은 아내가 되기 위한 기도

2부_ 아내를 위한 남편의 기도문 • 23

일 • 말 • 성 • 건강 • 안전 • 보호 • 평안 • 마음 • 성품 • 습관 • 우정 • 사랑 • 순종 • 축복 • 믿음 • 소망 • 신뢰 • 격려 • 존중 • 포용 • 배려 • 공감 • 소통 • 경청 • 비전 • 지혜 • 영감 • 형통 • 승리 • 창의력 • 용기 • 책임 • 태도 • 성실 • 절제 • 관계 • 감동 • 감정 • 생각 • 선택 • 변화 • 성장 • 기회 • 성결 • 열정 • 인내 • 사역 • 은사 • 선행 • 드림 • 소명 • 은혜 • 명예 • 행복 • 일터 • 가정 • 한마음 • 상호 존중 • 성령 충만 • 가치관 • 우선순위 • 아름다움 • 시험 • 시련 • 실망 • 비판 • 다툼 • 분노 • 미움 • 용서 • 걱정 • 염려 • 유혹 • 정욕 • 나태 • 중독 • 상처 • 완악함 • 회개

3부_ 남편을 위한 아내의 기도문 • 103

일 • 말 • 인생길 • 성 • 건강 • 안전 • 평안 • 마음 • 성품 • 습관 • 우정 • 사랑 •
순종 • 축복 • 믿음 • 소망 • 신뢰 • 격려 • 존중 • 포용 • 배려 • 공감 • 소통 •
경청 • 비전 • 지혜 • 영감 • 형통 • 승리 • 창의력 • 용기 • 책임 • 태도 • 성실 •
절제 • 관계 • 감동 • 감정 • 생각 • 선택 • 변화 • 성장 • 기회 • 성결 • 열정 •
인내 • 사역 • 은사 • 선행 • 소명 • 은혜 • 명예 • 행복 • 사업 • 일터 • 가정 •
상호 존중 • 성령 충만 • 가치관 • 우선순위 •
시험 • 시련 • 연단 • 실망 • 비판 • 다툼 • 분노 • 미움 • 용서 • 걱정 • 염려 •
유혹 • 정욕 • 나태 • 중독 • 상처 • 완악함 회개

4부_ 부부가 함께 드리는 기도문 • 183

결혼기념일에 드리는 결혼언약 기도문 • 배우자 생일에 드리는 기도문 •
배우자 부모가 돌아가셨을 때 • 배우자가 투병할 때 •
재정적인 문제가 있을 때 • 사업에 위기가 닥쳤을 때 •
재난이나 사고를 당했을 때 • 가족이 멀리 떨어져 지내야 할 때 •
앞날에 대한 결정을 내려야 할 때 • 이혼의 위기 앞에서 •
성적 불륜을 저질렀을 때 • 휴가를 떠날 때 • 출장을 떠날 때 •
우울증이 밀려올 때 • 좋은 아버지가 되기 위하여 •
좋은 어머니가 되기 위하여 • 자녀를 위한 기도 • 자녀가 탈선했을 때 •
건강한 성 생활을 위하여 • 부부가 싸웠을 때 • 고부간에 갈등 상황에서 •
불신 배우자의 구원을 위하여 • 불신 가족의 구원을 위하여 •
노후 부부 생활을 위하여 • 실직의 위기 앞에서 • 직장에서 해고되었을 때 •
직장을 구해야 할 때 • 이사를 해야 할 때 • 가족 간에 대화가 단절되었을 때 •
배우자가 이단에 빠졌을 때

에필로그

부부축복기도문을
활용하는 방법

이 책은 '아내를 위한 남편의 기도'와 '남편을 위한 아내의 기도' 그리고 '부부가 함께 드리는 기도'로 구성되어 있습니다. 부부가 조용한 시간을 구별하여 날마다 서로를 축복하며 동일한 주제로 각각 기도할 수 있습니다. 또는 필요한 기도제목을 찾아 배우자를 위해 기도해 줘도 좋습니다.

어떤 특별한 문제와 갈등이 있을 경우, 그 주제의 기도문을 찾아서 기도하면 됩니다. 그리고 자신을 위해 배우자가 무엇을 기도했는지를 스스로 읽어가며 기도에 응답하는 삶을 사는 것이 좋습니다.

'부부가 함께 드리는 기도'는 특별한 경우나 합심하여 기도해야 하는 내용들인데 부부가 함께 읽으면서 기도할 수 있습니다.

1부
행복한 가정을 위한 기도

"행복한 결혼에는 여섯 가지 필수 조건이 있습니다.
첫째는 믿음이고, 그 나머지 다섯 가지 역시 믿음입니다."

앨버트 허바드

결혼하는 자녀를 위한 부모의 축복 기도문

여호와는 네게 복을 주시고 너를 지키시기를 원하며 여호와는 그의 얼굴을 네게 비추사 은혜 베푸시기를 원하며 여호와는 그 얼굴을 네게로 향하여 드사 평강 주시기를 원하노라 민 6:24-26

하나님께서 주신 귀한 선물인 저희 자녀가 벌써 장성하여 하나님이 짝지어 주신 배필을 만나 결혼을 하게 되었습니다. 그동안 자녀를 통하여 부모된 기쁨과 복을 받게 하시고, 하나님의 사랑을 깊이 체험할 수 있도록 인도해 주셔서 감사드립니다. 하나님의 은혜로 저희의 수고나 기도보다 더욱 아름답고 훌륭하게 자녀를 키워주셔서 감사드립니다. 저희 자녀를 믿음 안에서 건강하고 귀하게, 지혜롭고 자랑스럽게 성장시켜 주셔서 감사드립니다. 모든 것이 다 하나님의 은혜이고, 하나님이 하셨습니다. 영광 받으소서. 이제 저희는 자녀가 복된 가정을 이루도록 전능하신 하나님의 손에 의탁드리며 사랑하는 자녀를 떠나보냅니다. 저들의 목자가 되어 주셔서 평생 선하심과 인자하심으로 인도하여 주소서. 저들이 서로를 사랑하는 마음으로 연합하여 한 몸을 이루게 하소서. 언제나 저들을 지켜 주시고 복 주시며 하나님의 얼굴을 저들을 향하여 비추사 영광스럽게 하시고, 일마다 때마다 은혜와 평강을 주소서.

가정의 행복을 구하는 기도

여호와께서 집을 세우지 아니하시면 세우는 자의 수고가 헛되며 여호와께서 성을 지키지 아니하시면 파수꾼의 깨어 있음이 헛되도다 시 127:1

하나님의 섭리와 은혜 가운데 저희를 만나게 하신 하나님, 감사와 찬양을 드립니다. 저희 삶의 중심에 하나님을 모시오니, 저희가 하나님을 중심으로 하나님의 뜻을 이루는 가정이 되게 하소서. 저희 가정의 기초는 견고한 믿음이 되게 하시고, 저희 가정이 서로를 향한 사랑으로 세워지게 하시며, 저희 집의 지붕은 하나님 나라의 소망으로 덮어 주소서. 저희 가운데 날마다 믿음의 역사가 나타나게 하시고, 서로를 향한 사랑의 수고를 아끼지 않게 하시며, 같은 소망을 두고 인내하는 가정이 되게 하소서. 하나님이 저희 가정을 지켜 주시지 않으면 어떤 것으로도 지킬 수 없고, 저희가 아무리 노력하여도 영원한 것을 이룰 수 없습니다. 오직 사랑하는 하나님께 모든 것을 믿고 맡기오니, 저희들을 지켜 보호하여 주시고, 저희 가정을 반석 위에 세워 주소서. 남편은 영적인 리더십을 가지고 가정을 잘 이끌어 가게 하시며, 아내는 지혜롭게 살림을 감당하게 하시고, 자녀들은 순종함으로 말씀 안에서 자라게 하소서. 저희 가정이 은혜의 원리를 따라 살아감으로 하나님 나라를 앞당겨 이 땅에서 천국을 이루게 하소서.

결혼하는 부부의 서로를 위한 감사 기도문

아담이 이르되 이는 내 뼈 중의 뼈요 살 중의 살이라 이것을 남자에게서 취하였은즉 여자라 부르리라 하니라 창 2:23

하나님이 저희를 처음 만나게 하셨을 때, 서로를 보고 하나님의 신비에 매우 놀랐습니다. 그 많은 사람들 가운데 저희를 만나게 하시고, 서로 사랑하게 하시어 이렇게 결혼에 이르도록 섭리하시고 도와주신 하나님의 은혜에 감사할 길이 없습니다. 저희가 기도하며 기대했던 것보다 더욱 아름답고 훌륭한 배우자를 서로에게 주셔서 감사드립니다. 기도의 응답으로 만난 저희가 서로를 향해 감사하는 마음으로 평생을 살게 하소서. 저희 서로에게 자신보다 더 소중한 존재이오니, 항상 배우자를 더욱 귀하게 여기는 마음으로 살게 하소서. 저희를 만나게 하신 하나님의 깊은 뜻을 아직은 다 알 수 없으나, 숨겨두신 선물을 발견하듯 살아가면서 하나씩 알아가는 기쁨을 주소서. 결혼을 계획하신 하나님의 경륜을 따라 서로 돕고 보완하여 온전한 사랑을 이루어 가게 하소서. 저희 둘만의 행복이 아니라, 자녀, 양쪽 가정, 그리고 모든 사람들에게 사랑을 베푸는 복된 가정이 되게 하소서. 아직은 모든 것이 서툴지만, 살면 살수록 더욱 좋고 깊어지는 사랑이 되게 하소서.

좋은 남편이 되기 위한 기도

이와 같이 남편들도 자기 아내 사랑하기를 자기 자신과 같이 할지니 자기 아내를 사랑하는 자는 자기를 사랑하는 것이라 엡 5:28

제게 꼭 맞는 배우자를 고르고 뽑아 평생을 함께 할 귀한 아내로 주신 하나님께 감사와 영광을 돌립니다. 저도 제 아내를 세상에서 제일 행복한 아내로 만들 수 있는 좋은 남편이 되게 하소서. 하나님 앞에 결혼 서약을 한 대로, 몸과 마음과 영혼을 다하여 아내에게 헌신하는 신실한 남편이 되게 하소서. 사랑받기보다는 사랑하고, 이해 받기보다는 이해하고, 위로받기보다는 위로하는, 믿음직한 남편이 되게 하소서. 제 아내를 연약한 그릇으로 알아 무엇보다 귀하게 여기고, 주님이 우리를 위해 목숨을 주신 그 큰 사랑으로 돌보게 하소서. 저를 가정의 머리로 세우신 하나님의 뜻을 잘 헤아리게 하시고, 가정을 바르게 이끌어 갈 지혜와 리더십을 주소서. 남편으로서의 특권을 주장하는 것이 아니라, 가장으로서의 무거운 책임도 잘 감당할 수 있도록 능력을 주소서. 제가 손으로 행하는 모든 범사를 형통하게 하사, 재정적으로나 사회적으로 여유가 있게 하시고, 필요한 모든 것을 풍족하게 공급할 수 있게 하소서.

좋은 아내가 되기 위한 기도

그러므로 교회가 그리스도에게 하듯 아내들도 범사에 자기 남편에게 복종할지니라 엡 5:24

남편의 돕는 배필로 저를 세우신 하나님! 제가 행복한 남편의 행복한 아내가 되게 하소서. 제가 남편의 리더십을 인정하고 그의 권위를 세워 주며, 그를 있는 모습 그대로 받아들일 수 있게 하소서. 남편의 사랑과 보호를 받으며, 남편을 존경함으로 그리스도에게 하듯 순종하게 하소서. 날마다 남편에게 숨겨진 보석을 발견하고 진심으로 기뻐하며 칭찬하고 격려하게 하소서. 남편이 하나님 이외에 제 삶의 최우선 순위가 되게 하시고, 남편이 제 삶의 영광이 되게 하소서(고전 11:7). 남편이 좋아하는 것을 저도 좋아할 수 있게 하시고, 제 안정이나 평안함 때문에 남편에게 주어진 좋은 기회를 막지 않게 하소서. 남편을 제가 원하는 사람으로 만들기 위하여 제 가치관이나 생활방식을 강요하지 않게 하시고, 남편에게 비현실적인 목표를 강요하거나 본래 그의 모습이 아닌 다른 모습을 강요하지 않게 하소서. 제가 미소와 감사한 마음을 늘 잊지 않게 하시고, 내면의 속사람과 성품을 가꾸게 하시며, 외모도 단정하고 표정도 아름다움으로 빛나게 하소서.

2부
아내를 위한 남편의 기도문

"여성은 남성으로부터 창조되었습니다.
그러나 이는 남성을 조종하기 위해 그의 머리에서 창조된 것이 아니며,
그의 종이 되기 위해 그의 발에서 창조된 것도 아닙니다.
오히려 여성은 남성의 부족한 부분을 채우기 위해 그의 옆구리에서,
그의 보호를 받기 위해 그의 팔과 가까운 곳에서,
그의 사랑을 받기 위해 그의 심장 가까운 곳에서
취하여 창조되었습니다."

매튜 헨리

일

아내의 손으로 행하는 일을 형통하게 하소서

그 손의 열매가 그에게로 돌아갈 것이요 그 행한 일로 말미암아 성문에서 칭찬을 받으리라 잠 31:31

은총으로 저희에게 할 일을 주신 하나님! 아내에게 남다른 재능을 주셔서 가정을 꾸리면서도 일할 수 있는 기회를 주신 것에 대해 감사드립니다. 아내가 건강하게 자고 깨어 일할 수 있는 것이 하나님이 주신 복임을 알게 하소서. 일을 억지로 하지 말게 하시고 기쁜 마음으로 보람 있게 모든 일을 주님께 하듯 하게 하소서. 일하는 목적이 재정적인 이유만이 아니라, 자신을 실현하고 다른 사람들에게 도움을 주는 것이 되게 하소서. 세상 사람들은 요행을 바라며 가능한 한 조금 일하고 많은 수확을 얻고자 하나, 아내는 진실하게 일하며 자신이 수고한 대로 먹게 하소서. 아내가 일한 대로 열매가 돌아오게 하시고, 많은 이웃들에게 유익을 끼치게 하소서. 일을 통하여 사람들에게 칭찬을 받고, 하나님께 영광을 돌리게 하소서. 하나님이 주시는 능력으로 자신감을 가지고 일하게 하시고, 일을 통하여 자신이 성장하고 삶의 의미를 느끼게 하소서. 하나님이 은총을 내려 주셔서 아내가 손으로 행하는 모든 일을 형통하게 하소서.

말

덕을 세우는 언어생활을 하게 하소서

무릇 더러운 말은 너희 입 밖에도 내지 말고 오직 덕을 세우는 데 소용되는 대로 선한 말을 하여 듣는 자들에게 은혜를 끼치게 하라 엡 4:29

저희가 평소에 하는 말을 항상 귀담아들으시는 하나님 아버지! 아내가 지혜롭게 믿음의 말을 하게 하심을 감사드립니다. 아내가 이웃과 더불어 참된 것을 말하며, 덕이 되는 언행으로 듣는 자들에게 은혜를 끼치게 하소서. 우리가 평소에 하는 말도 기도처럼 들으시고 실행한다고 하셨으니(민 14:28), 원망하거나 비난하고 조롱하거나 정죄하는, 망령되고 헛된 말을 멀리 하게 하소서. 언어 사용에 분별력을 주셔서 매사에 실수가 없이 신중하게 하소서. 남을 격려하고 칭찬하는 말, 위로하고 축복하는 말에 힘쓰게 하소서. 많이 말하면 허물을 면하기 어려우니 침묵해야 할 때에는 깊이 생각하고 침묵하게 하소서. 아내가 하는 말을 대적하는 자들이 흠을 잡을 수 없게 하시고, 악한 자들이 한 모든 악한 말들은 효력이 없게 하소서. 아내가 구부러진 말을 입에서 버리고 비뚤어진 말을 입술에서 멀리하게 하소서(잠 4:24). 경우에 합당한 말은 아로새긴 은 쟁반에 금 사과라고 하셨으니(잠 25:11), 때에 맞는 말을 하여 입술의 열매를 많이 맺게 하소서.

성

서로에 대한 성적 순결을 지키게 하소서

아내는 자기 몸을 주장하지 못하고 오직 그 남편이 하며 남편도 그와 같이 자기 몸을 주장하지 못하고 오직 그 아내가 하나니 고전 7:4

아담과 하와를 만드시고 그 둘이 한 몸을 이루게 하신 하나님! 저희가 하나님의 섭리 아래서 한 몸을 이루게 하심을 감사드립니다. 저희가 육체적으로뿐 아니라 마음과 영혼이 결합하는 온전한 사랑을 이루게 하소서. 하나님이 주신 아내를 언제나 즐거워하게 하시고, 아내의 품을 항상 만족하게 여기며 그 사랑을 그리워하게 하소서(잠 5:19). 사랑하기 때문에 성생활에 있어서도 서로를 먼저 배려하게 하시고, 서로의 만족과 즐거움을 채워 주고, 이기적인 마음으로 대하지 않게 하소서. 아내가 저의 성적 욕구를 잘 이해하고 도우며 아름답고 만족스러운 성생활을 할 수 있도록 도우소서. 저희의 건강한 성생활을 통하여 더욱 친밀해지게 하소서. 주님이 말씀하신 대로 혼인을 귀히 여기며, 서로에 대한 예의와 의무를 지키며, 침소를 더럽히지 않게 하소서. 한 몸 됨을 깨트리는 음행과 음란한 세상의 풍조가 저희들의 부부 생활에 틈타지 못하도록 항상 지켜 주소서. 저희가 주님의 순결한 신부가 된 것처럼, 서로를 향해서도 순결한 부부가 되게 하소서.

건강

온전한 건강을 주소서

사랑하는 자여 네 영혼이 잘됨 같이 네가 범사에 잘되고 강건하기를 내가 간구하노라 요삼 1:2

저희를 온전케 하시는 하나님 아버지! 아내가 육체뿐 아니라 주님의 사랑을 받은 딸로서 영혼과 정신까지 모두 강건하기를 원합니다. 먼저 하나님과의 관계에 막힌 담이 없이 화통하여 주님이 주시는 평안을 누리게 하소서. 그 친밀한 관계 안에서 가족관계, 인간관계, 모든 재정적인 문제까지 하나님의 도우심으로 형통하게 하소서. 아내가 세상적인 욕심과 허탄한 욕망을 버리게 하시고, 하루하루 감사하며 즐겁게 만족하며 살게 하소서. 저희의 몸은 깨지기 쉬운 질그릇과 같고, 입김보다 더 가벼워 연약하오니, 아내가 행하는 길에 항상 안전을 보장하여 주시고, 온갖 스트레스로부터 마음을 지켜 주소서. 몸에 활력을 더하여 주시고, 생명력을 더하여 주소서. 몸 안에 신진대사가 잘 이루어지게 하시고, 면역력과 치유력을 더하여 주소서. 혈관에 피가 잘 돌게 하시고, 음식도 잘 소화하게 하시고, 모든 장기가 제 기능을 다하도록 도와주소서. 가정을 돌보며 일을 할 때에 피곤하지 않도록 날마다 새 힘을 주시고, 강한 체력도 주소서.

안전

하나님의 날개 아래서 안전하게 하소서

낮의 해가 너를 상하게 하지 아니하며 밤의 달도 너를 해치지 아니하리로다 시 121:6

저희의 영원한 산성이시요 피난처이신 하나님 아버지! 험하고 거친 세상에서 저희를 지금까지 평안하게 지켜 주심을 감사드립니다. 이스라엘 백성이 거칠고 험한 광야 생활을 할 때, 낮에는 구름 기둥, 밤에는 불기둥으로 보호하신 하나님, 저희가 하나님 나라에 이를 때까지 사탄의 시험, 세상의 환난, 육신의 유혹으로부터 지켜 주소서. 특별히 낮의 해가 아내를 상하지 못하도록, 그리고 밤의 달이 아내를 해치지 못하도록 보호해 주소서. 어떤 곳에서 무엇을 하든지 아내를 안전하게 주님의 오른손으로 보호해 주소서. 저희가 알지 못하는 앞날에도 주님의 약속대로 주의 천사들을 명하사 저희의 인생길에서 지켜 주시고, 저희가 도달해야 할 소원의 항구까지 안전하게 인도하여 주소서. 목자되시는 하나님, 아내가 평생에 하나님의 선하심과 인자하심을 맛보며 살게 하소서. 각종 재난과 사고, 그리고 악한 자와 질병을 막아 주시고, 하나님의 권능의 날개 아래서 참 평안을 누리게 하소서.

보호

광야 같은 세상에서 눈동자 같이 보호하여 주소서

여호와께서 그를 황무지에서, 짐승이 부르짖는 광야에서 만나시고 호위하시며 보호하시며 자기의 눈동자 같이 지키셨도다 신 32:10

저희를 눈동자 같이 보호하시는 하나님! 지금까지 저희를 밤낮으로 지켜 주시고 보호해 주셔서 감사드립니다. 어미 새가 그 날개로 새끼를 품고 보호하듯이, 하나님께서 아내를 품어 주시고 보호해 주소서. 아내가 주님 안에서 살고, 주님과 함께 동행할 때에 언제나 평안함을 믿습니다. 아내를 푸른 초장과 잔잔한 물가로 인도해 주시고, 사망의 어두운 골짜기에서도 보호해 주실 것을 믿습니다. 비록 세상 풍파가 닥치고, 이런저런 어려움이 닥칠지라도 실족하지 않게 보호해 주시고, 주님의 손으로 아내를 붙들어 주소서. 아내가 어떤 상황에서도 주님만을 바라보고, 주님을 믿는 믿음으로 담대히 나아가게 하시고, 주님의 은혜와 진리를 선포하게 하소서. 이스라엘 민족을 광야에서도 독수리 날개로 보호하신 것처럼, 구름 기둥과 불기둥으로 인도하신 것처럼, 메추라기와 만나, 그리고 생수로 먹이신 것처럼 아무 부족함이 없게 하소서. 건강과 명예도 지켜 주시고, 죄악으로 가득한 세상에서 유혹을 받지 않도록 주님의 강한 팔로 지켜 주소서.

평안

세상이 줄 수 없는 평안을 주소서

그리하면 모든 지각에 뛰어난 하나님의 평강이 그리스도 예수 안에서 너희 마음과 생각을 지키시리라 빌 4:7

세상이 줄 수 없는 참된 평안을 약속해 주신 주님! 제 아내가 사람들로부터 받는 위로나 물질을 얻기 위해 애타하지 않게 하소서. 사람의 위로는 잠깐이고 세상의 물질은 편리함을 주지만, 평안은 오직 하나님으로부터만 오는 줄을 믿습니다. 아내가 예수 그리스도 안에서 부어 주시는 하나님의 위로와 안식을 갈망하게 하소서. 심지가 견고한 자를 평강에 평강으로 지켜 주시는 하나님, 아내가 무엇보다 하나님을 더욱 의뢰함으로 평강을 누리게 하소서. 어린아이가 어머니의 품에 있을 때에 만족을 얻고 평안을 누리듯이, 아내의 마음과 생각이 온전히 주님만 향하게 하시고, 하늘로부터 내리시는 놀라운 평안을 누리게 하소서. 풍랑이 이는 배 위에서도 하나님을 절대 신뢰함으로 주무셨던 예수님처럼, 아내가 풍파 많은 세상에서 평정심을 잃지 않고 두려움 없는 평안을 누리게 하소서. 아무것도 염려하지 않고 오직 믿음 안에서 기도함으로 하나님이 주신 평안을 누리게 하소서.

> 마음

마음을 지켜 주소서

모든 지킬 만한 것 중에 더욱 네 마음을 지키라 생명의 근원이 이에서 남이니라 잠 4:23

마음의 중심을 받으시길 기뻐하시는 하나님! 아내가 내면이 아름다운 사람이 되게 하소서. 만물보다 심히 부패하고 거짓된 것이 사람의 마음이지만, 십자가 보혈로 깨끗하게 씻으사 아내를 하나님의 딸로 삼아 주셔서 감사드립니다. 무엇보다 아내가 예수 그리스도의 마음을 품게 하시니 감사드립니다. 아내가 이 세대나 세상을 본받지 말게 하시며, 부패하고 썩어져 가는 시대에서 상처받지 않게 하시고, 오직 성령의 새롭게 하심을 따라 하나님이 원하시는 거룩한 심령을 가지게 하소서. 세속적인 가치관, 세상의 염려, 부정적인 생각들이 마음을 차지하지 못하게 하시고, 중심에 예수님을 모시고 내면의 질서를 잡게 하소서. 하나님과 세상을 향하여 마음이 나뉘어지지 않고 거룩한 한마음을 품게 하소서. 그 정결하고 성결한 마음으로 가정과 교회와 사회를 변화시키게 하소서. 상한 마음, 슬픈 마음을 가진 많은 사람들을 치유하고 위로하는 아내가 되게 하소서.

성품

성품에 성령의 열매가 풍성하게 하소서

오직 성령의 열매는 사랑과 희락과 화평과 오래 참음과 자비와 양선과 충성과 온유와 절제니 이같은 것을 금지할 법이 없느니라 갈 5:22–23

주님을 닮은 거룩한 성품으로 저희들을 빚으시는 하나님! 아내가 빛 되신 주님을 본받아 아름다운 성품을 갖기를 원합니다. 빛의 자녀가 된 아내가 그리스도의 향기가 되고, 그리스도의 편지가 되게 하소서. 아내의 좋은 기질들이 성령님의 역사로 더욱 빛나게 하시고, 부족한 부분은 성령님의 열매로 보강시켜 주소서. 아내의 삶에 성령님이 충만하게 거하셔서 성령의 열매를 풍성하게 맺게 하소서. 아내가 있는 곳에 사랑과 희락, 화평과 오래 참음, 자비와 양선, 충성과 온유, 그리고 절제가 넘쳐나게 하소서. 아내로 인해 모두가 행복하고, 어려운 사람들이 힘을 얻고, 하나님의 영광이 나타나기를 원합니다. 아내의 이런 아름다운 성품이 자녀들에게도 전해지고, 주변 사람들에게도 선한 영향력을 미치게 하소서. 날마다 아내 안에서 역사하시는 성령님의 역사로 말미암아, 아내가 더욱 성숙한 여인이 되고 귀한 성품으로 칭찬받고 기억되는 여인이 되게 하소서.

습관

거룩한 습관을 갖게 하소서

예수께서 나가사 습관을 따라 감람산에 가시매 제자들도 따라갔더니
눅 22:39

저희 안에 거룩한 습관을 만들어 가시는 하나님! 이 땅에 오셔서 저희가 따라야 할 모든 삶의 모범을 친히 보여 주신 예수님께 감사드립니다. 예수님은 말씀을 따라 사심으로, 규칙적으로 기도하심으로 몸소 바른 성도의 삶을 저희에게 보여 주셨습니다. 모든 경건한 성도가 예수님을 따라 거룩한 습관을 가지고 있었듯, 아내도 경건에 이르는 습관을 가지게 하소서. 거룩한 습관의 힘을 믿사오니, 아내의 영성이 거룩한 습관을 통하여, 더욱 충실하게 영글어지도록 도와주소서. 주님을 가까이 하는 자들을 더욱 가까이 하신다고 하셨사오니, 아내가 날마다 거룩한 습관을 통하여 주님께 더욱 가까이 나아가게 하소서. 세상의 유혹과 욕심을 따라가던 과거의 습관을 벗어 버리고, 오직 경건하고 거룩한 새사람이 되게 하소서. 거룩한 습관이 습득되고 학습되고 훈련되어 제 2의 천성이 되게 하소서. 말씀을 읽고 묵상하고 암송하는 습관, 기도로 하루를 열고 마무리하는 습관, 긍정적인 말로 위로하고 칭찬하는 언어의 습관을 들이게 하소서.

우정

마음을 나눌 수 있는 진실한 친구를 갖게 하소서

친구는 사랑이 끊어지지 아니하고 형제는 위급한 때를 위하여 났느니라
잠 17:17

날마다 저희 짐을 대신 지시는 친구 같은 하나님! 친구를 위하여 목숨을 버리면 이에서 더한 사랑이 없다고 하셨는데, 저희에게 예수님같이 좋은 친구는 이 세상에 없습니다. 더욱이 저희를 종이라 하지 않으시고 친구라 불러 주셔서 감사드립니다. 아내도 예수님처럼 누군가에게 좋은 친구가 되게 하시고, 마음을 나눌 수 있는 진실한 친구를 얻게 하소서. 친구를 위해 기도하게 하시고, 친구에게 힘이 되게 하시고, 친구를 사랑하게 하소서. 아내도 좋은 친구를 만나, 힘들 때 서로 대화를 나누며 격려하고, 어려울 때 서로 붙들어 주고, 기쁠 때 진심으로 즐거워하게 하소서. 다윗과 요나단처럼 어떠한 상황에서도 아름다운 우정을 이어가게 하시고 친구를 통하여 더욱 성장하고 성숙하게 하소서. 나이 차이에도 불구하고 엘리사벳과 마리아가 말씀 안에서 영적 친교를 맺었던 것처럼 믿음의 멘토도 허락하여 주소서. 아내와 저도 부부 생활을 통하여 우정이 더욱 깊어지게 하시고 평생을 의지하며 사랑하는 진실한 친구가 되게 하소서.

> **사랑**

아름다운 사랑을 하게 하소서

내 누이, 내 신부야 네 사랑이 어찌 그리 아름다운지 네 사랑은 포도주보다 진하고 네 기름의 향기는 각양 향품보다 향기롭구나 아 4:10

하나님의 사랑을 알 수 있도록 저희를 만나게 하신 하나님! 아내를 통하여 하나님의 사랑을 알게 하시고, 그 진정한 사랑을 받게 해 주셔서 감사드립니다. 아내의 헌신적이고 사려 깊은 사랑이 무척이나 아름답습니다. 그 사랑으로 인하여 제가 더욱 귀하고 복된 존재가 되었습니다. 제게 평생 사랑할 대상을 만나게 하시고, 저를 사랑하는 아내와 함께 살게 해 주셔서 감사드립니다. 저희 부부가 서로를 말로만이 아니라 행함과 진실함으로 사랑하기를 원합니다. 사랑은 하나님께 속하였다고 하셨으니, 하나님의 사랑으로 서로를 사랑하게 하소서. 저희가 하나님의 희생적인 사랑, 무조건적인 사랑, 먼저 주는 사랑, 언제나 믿어 주고 기다려 주는 사랑을 주님에게 배우고 실천하게 하소서. 무엇보다 몸과 마음과 영혼을 다하여 열심히 서로 사랑하기를 원합니다. 저희의 사랑의 열매인 자녀들에게도 하나님의 사랑으로 사랑하게 하시고, 그들이 저희를 통하여 사랑의 하나님을 알게 하소서.

> 순종

순종으로 더욱 아름다운 아내가 되게 하소서

전에 하나님께 소망을 두었던 거룩한 부녀들도 이와 같이 자기 남편에게 순종함으로 자기를 단장하였나니 벧전 3:5

부부의 상호관계성 위에 결혼을 설계하신 하나님 아버지! 제가 아내를 사랑하는 것 같이 아내도 제게 순종하게 하소서. 아내가 자신을 낮추시고 죽기까지 순종하신 예수님의 모습을 배우게 하소서. 위치가 낮거나 힘이 약하기 때문에 순종하는 것이 아니라, 아름다운 가정을 이루기 위하여 하나님이 세우신 질서를 따라 순종하게 하소서. 불순종하고 완악한 세상에서 예수님의 순종하심을 통하여 하나님의 의와 구원을 이루어 주신 것을 감사드립니다. 제가 순종할 만한 자격이 있어서가 아니라 주님을 섬기는 것처럼, 하나님의 말씀을 따라 순종하게 하소서. 저도 교만하게 요구하는 자세가 아니라 피차 복종하는 마음을 갖게 하소서. 순종을 통해 아내의 영혼이 정결해지며, 보석이나 아름다운 옷으로 치장하는 것보다 더 아름다워지며, 거짓 없는 사랑에 이르기를 소원합니다. 고난 중에도 순종하여 하나님의 뜻을 이루신 예수님처럼 아내도 순종을 배워 하나님의 사람으로 온전하게 하소서.

축복

하늘에 속한 신령한 복을 받게 하소서

여호와께서 주시는 복은 사람을 부하게 하고 근심을 겸하여 주지 아니하시느니라 잠 10:22

세상에서 얻을 수 없고, 사람이 줄 수도 없는 진정한 복을 약속하시는 하나님! 창세로부터 인간에게 허락하신 복, 아브라함, 이삭, 야곱, 요셉에게 내려 주셨던 아름다운 복들을 저희에게도 주소서. 하나님이 주시는 복은 세상에서 말하는 복과는 차원이 다른 신령한 복인 줄 믿습니다. 사랑하는 아내가 행하는 모든 일이 복을 쌓는 것이 되게 하시고, 그 복을 받기에 합당한 삶을 살게 하소서. 아내가 하나님을 온전히 섬김으로 하늘에 속한 복을 받고, 땅에서도 자녀의 복과 건강의 복과 물질의 복을 누리게 하소서. 야베스의 기도처럼 아내에게 복에 복을 더하여 주시고 아내의 지경을 넓혀 주소서. 복을 받되 자신만을 위하지 않고 축복의 통로가 되어 그 복으로 다른 사람을 복되게 하소서. 모든 복의 근원은 하나님이라는 것을 굳게 믿고, 위로부터 부으시는 하나님만 바라게 하소서. 많은 사람들이 아내를 복 받은 사람이라 여기게 하시고, 아내를 통하여 아름다운 가문을 이루게 하시고, 하나님의 이름을 높이게 하소서.

믿음

산을 옮길 만한 믿음을 주소서

믿음으로 사라 자신도 나이가 많아 단산하였으나 잉태할 수 있는 힘을 얻었으니 이는 약속하신 이를 미쁘신 줄 알았음이라 히 11:11

믿음이 없이는 하나님을 기쁘시게 할 수 없다고 하신 하나님! 아내에게 금보다 귀한 믿음을 주셔서 감사드립니다. 믿음으로 구원받은 하나님의 자녀로 삼아 주시고, 매사를 믿음으로 계획하여 살아가게 하심을 감사드립니다. 아내가 사라와 한나 같은 믿음으로 하나님께 나아가 귀한 자녀를 얻게 하시고, 자녀들을 믿음으로 길러 하나님의 사람으로 세우게 하소서. 작은 일에도 믿음으로 결단하고 행함으로 날마다 믿음이 자라나게 하시고, 결국 산을 옮길 만한 큰 믿음의 사람이 되게 하소서. 믿음이 삶으로 실천되어 믿는 사람들의 본이 되게 하시고, 믿음으로 말하고 믿음으로 승리하게 하소서. 어려운 여건 속에서도 믿음이 약해지지 않게 하시고, 신실하신 하나님을 믿고 의지함으로 믿음의 증거가 풍성하게 나타나게 하소서. 믿음의 은사도 주셔서 하나님의 약속을 믿고 담대히 나아가게 하시고, 믿음으로 기도하는 모든 것이 응답받게 하소서. 아내가 믿음의 어머니, 믿음이 좋은 여인으로 기억되게 하소서.

소망

소망의 문을 열어 주소서

우리가 이 소망을 가지고 있는 것은 영혼의 닻 같아서 튼튼하고 견고하여 휘장 안에 들어가나니 히 6:19

소망 가운데 저희 부부를 부르시고 만나게 하신 하나님! 주님만이 언제나 저희의 참 소망이시며, 저희의 도움이십니다. 사랑하는 아내가 오직 주님만 바라보게 하시고, 세상에 소망을 두지 않게 하소서. 하나님에게 소망을 두는 자는 결코 실망치 않음을 믿습니다. 아내로 하여금 부르심의 소망이 무엇이며, 그 기업의 영광의 풍성함이 무엇인지 알게 하소서. 저희는 많은 것을 바라면서도 진정 저희에게 필요한 것이 무엇인지를 모를 때가 많습니다. 저희 마음의 눈을 열어 진정 저희에게 무엇이 필요한지를 보게 하소서. 하나님은 저희의 미래와 희망이시오니, 소망의 닻을 주님께 두고 담대히 믿음으로 나아가게 하소서. 하나님은 언제나 저희가 생각지도 못한 놀라운 일들을 예비하시고 저희를 부르시는 줄을 믿습니다. 소망의 문을 열어 주시고 인도하셔서 소원의 항구에 도달하게 하소서. 소망 가운데 거룩해지고, 소망 가운데 인내하고, 소망 가운데 사랑하게 하소서. 어두움과 두려움 가운데서도 언제나 소망을 선택하게 하소서.

신뢰

하나님 안에서 서로를 신뢰하게 하소서

내가 범사에 너희를 신뢰하게 된 것을 기뻐하노라 고후 7:16

하나님을 믿는 마음으로 서로를 신뢰하게 하신 하나님! 사도 바울이 교회를 신뢰하고 교회가 바울을 신뢰함으로 하나님의 일을 감당했듯이, 저와 아내도 온전하게 신뢰함으로 하나님의 뜻을 이루게 하소서. 저의 평소의 언행을 통하여 아내의 감정의 은행에 저에 대한 신뢰도가 쌓이게 하시고, 그것을 통하여 의사소통이 원활하고 행복감이 넘치게 하소서. 저희는 연약하여 잘못을 하거나 실수를 하는 경우가 있지만, 그때마다 진심어린 사과를 통하여 신뢰를 회복하게 하소서. 주님의 은혜 가운데 서로를 신뢰함으로 관계가 날마다 깊어지고 성숙하게 하소서. 세상에 의지할 것이 없습니다. 하나님의 성령이 저희를 인도하심을 믿을 때, 온전히 신뢰할 수 있는 줄 믿습니다. 저희가 범사에 서로를 신뢰함으로 자신을 의탁하여 안식을 얻기를 원합니다. 아내가 하나님을 신뢰함으로 담대하게 나아가게 하시고, 마음에 기쁨과 평강을 누리게 하소서. 제가 아내를 신뢰하듯이 저도 아내에게 신뢰 받을 수 있는 남편이 되게 하소서.

격려

서로 축복하고 격려하게 하소서

여호와께서 네가 행한 일에 보답하시기를 원하며 이스라엘의 하나님 여호와께서 그의 날개 아래에 보호를 받으러 온 네게 온전한 상 주시기를 원하노라 하는지라 룻 2:12

저희의 등 뒤에서 도우시고 흔들릴 때 붙들어 주시는 하나님! 하나님의 사랑과 성령님의 격려 가운데 저희가 살아감을 감사드립니다. 아내가 약하고 힘들 때, 하나님의 강한 손으로 붙들어 주시고 말씀으로 격려해 주소서. 부족한 저와 결혼하여 어려움 가운데서도 저를 잘 내조하며 가정을 바로 세워온 사랑하는 아내를 축복하여 주소서. 아내도 저와 아이들, 그리고 다른 사람들의 좋은 면을 보고 칭찬하고 격려하는 사람이 되게 하소서. 아내가 사랑과 격려의 말, 칭찬과 도움의 말로 깊은 사랑을 표현하게 하시고, 그 말의 복록을 누리게 하소서. 어려운 상황에서도 룻기에 나오는 나오미와 룻과 보아스가 서로 축복하고 격려함으로 슬픔이 기쁨으로, 흉년이 풍년으로, 죽음이 생명으로 바뀐 것처럼, 저희의 칭찬과 격려의 말을 통하여 가정과 사회가 좋아지게 하소서. 아내의 따뜻한 말을 통하여 가정이 화목하고, 자녀들의 선행은 더욱 풍성해지고, 힘들 때 모두 용기를 얻게 하소서.

> 존중

서로 먼저 존중하게 하소서

그러나 너희도 각각 자기의 아내 사랑하기를 자신같이 하고 아내도 자기 남편을 존경하라 엡 5:33

상호관계성 위에 결혼의 질서를 세우신 하나님! 제가 아내를 사랑하는 것같이 저도 아내에게 존중받게 하소서. 아담의 돕는 배필로 하와를 주신 하나님께서 제 아내를 통하여 저의 부족한 것들이 온전해 지게 하소서. 하나님의 말씀을 따라 제 아내가 저를 존경하며 따르고, 언제나 곁에서 지지해 주는 배필이 되기를 원합니다. 저도 이런 아내에게 고마워하며, 주님께서 몸된 교회를 사랑하신 것처럼 아내를 제 몸처럼 아끼고 사랑하게 하소서. 결실한 포도나무 같은 아내가 저의 자랑이 되게 하시고, 저의 면류관이 되게 하소서. 남편을 노엽게 하거나 근심되게 하는 아내가 아니라, 남편을 기쁘게 하고 활력이 넘치게 하는 아내가 되게 하소서. 남편을 무시하거나 원망하는 아내가 아니라, 남편의 기운을 북돋고 감사하는 아내가 되게 하소서. 제가 하는 일과 수고를 인정하고 좋아하는 아내가 되어 함께 아름다운 유업을 누리게 하소서. 마음으로부터 선을 행하게 하시고 덕스러운 행동을 통해 저와 자녀에게 칭찬과 존경을 받는 아내가 되게 하소서.

포용

다른 사람을 포용할 수 있는 넓은 마음을 주소서

모든 겸손과 온유로 하고 오래 참음으로 사랑 가운데서 서로 용납하고
엡 4:2

착한 자나 악한 자에게 햇빛과 비를 내리시는 하나님! 하나님의 그 한량없이 넓은 마음으로 저희를 용납해 주시고 저희를 품어 주셔서 감사드립니다. 그러나 저희는 하나님의 마음을 닮지 못하고, 세상에서 내 편과 네 편을 가르고 조금만 달라도 배척하며 용납하지 못하는 편협한 생활을 하고 있습니다. 그 때문에 오히려 인간관계가 더욱 힘들어지고 스트레스도 많아지고 있습니다. 저와 아내에게 포용할 수 있는 넓은 마음과 관용의 지혜를 허락해 주소서. 믿음이 연약하고 생활이 어렵다 하여 상대를 업신여기지 말게 하시고, 상대의 형편과 말을 다 듣기 전에 상대를 쉽게 판단하지 않게 하소서. 모든 사람이 하나님의 형상을 따라 지음을 받았으니, 주님이 우리를 용납하신 것처럼 저희도 있는 모습 그대로 그들을 받아들이게 하소서. 할 수 있다면 모든 사람에게 하나님의 관용을 보이며, 겸손과 온유, 그리고 오래 참음으로 사랑 가운데 용납하게 하소서. 바다가 모든 물을 받아들이듯이 모든 이들을 용납하고 포용하여 변화시킬 수 있는 착한 아내가 되게 하소서.

배려

어려운 사람들을 살피고 배려하는 마음을 주소서

엘리사가 자기 사환에게 이르되 너는 그에게 이르라 네가 이같이 우리를 위하여 세심한 배려를 하는도다 내가 너를 위하여 무엇을 하랴 왕에게나 사령관에게 무슨 구할 것이 있느냐 하니 여인이 이르되 나는 내 백성 중에 거주하나이다 하니라 왕하 4:13

저희의 구원을 위해 독생자 예수님을 아낌없이 주신 하나님! 저희는 살기에 바쁘다는 이유로, 또는 이기적인 마음에 다른 사람을 제대로 배려하지 못하는 때가 많습니다. 그러나 서로를 돌아보고 다른 사람의 유익을 먼저 생각하라는 말씀을 실천하기 원합니다. 예수님은 십자가에서 저희를 위해 자신을 주심으로써 전적으로 타자를 위한 삶을 사셨는데, 저희는 주님의 제자라고 하면서 이타적인 삶을 살지 못하고 있습니다. 그런데 성경을 보면 배려하는 삶을 살았던 분들이 남도 살리고 자신도 복을 받았습니다. 엘리야를 대접했던 사르밧 여인, 엘리사를 영접하고 배려했던 수넴 여인이 그러했듯이, 아내도 상대방의 입장을 고려하고 호의를 베푸는 여인이 되게 하소서. 누구든지 자기의 유익을 구하지 말고 남의 유익을 구하라는 말씀처럼, 아내가 다른 사람을 먼저 생각하는 마음을 갖게 하소서. 물론 자신의 일도 충실하게 잘해야 하지만 사회적 약자들을 배려하여 그들을 돌보아 하나님의 기쁨이 되게 하소서.

공감

같은 마음을 느끼게 하소서

즐거워하는 자들과 함께 즐거워하고 우는 자들과 함께 울라 롬 12:15

우리의 마음과 형편을 아시고 도우시는 하나님! 저희가 주님의 마음을 배워 즐거워하는 자들과 함께 즐거워하고, 우는 자들과 함께 울게 하소서. 예수님은 불쌍한 자들을 긍휼히 여기셨고, 그들의 필요를 채워 주셨고, 어려운 자들의 처지를 공감하셔서 때로는 함께 우셨습니다. 이처럼 저희도 이웃의 아픔에 공감하는 마음을 가지게 하소서. 예수님께서 가나 혼인 잔치 자리에서 즐거워하는 자들과 함께 기뻐하시며 그들을 축복하셨던 것을 배우게 하소서. 제 아내가 다른 사람의 처지에 서 보고, 그들을 마음으로부터 공감하며 돕는 사람이 되게 하소서. 자녀들과도 공감하는 마음으로 대화를 나누게 하시고, 그들을 진실로 이해할 수 있는 어머니가 되게 하소서. 저희 가족이 사랑으로 뜻을 합하며 한마음을 품고 살게 하소서. 이웃의 곤경을 보고도 마음을 완악하게 하여 그냥 지나치지 않게 하시고, 착한 사마리아인처럼 그들을 보는 눈, 열린 가슴을 가지고 돕는 그들의 진정한 이웃이 되게 하소서.

소통

소통함으로써 더욱 풍성하게 하소서

믿는 사람이 다 함께 있어 모든 물건을 서로 통용하고 행 2:44

삼위이시면서도 온전하게 하나를 이루시는 하나님! 성령님 안에서 가족과 성도들이 소유하기보다는 소통함으로, 서로를 풍요롭게 하고 부족함 없이 온전히 하나를 이루게 하소서. 성령님의 교통하심으로 초대 교회 공동체가 서로 물질적으로 소통하고, 지리적으로 가까워지고, 마음으로 하나가 된 것처럼, 저희도 하나가 되게 하소서. 저와 아내, 그리고 자녀들 모두 마음에 막힌 담 없이 성령님 안에서 의사소통이 원활하게 이루어지게 하소서. 서로 잘 알아듣고 잘 표현하게 하소서. 제 아내에게 주신 하나님의 달란트도 잘 개발하고 소통하여 더 많은 것을 남기게 하소서. 소통하지 않으면 결국 고통을 당하게 되니, 부지런히 주어진 기간 동안 소통하여 더 가치 있는 것을 만들게 하소서. 그리고 소통하는 과정을 통하여 잠재되어 있던 재능을 더 많이 개발하고, 그때에 도우시는 하나님을 경험하고, 그런 가운데 많은 사람들에게 유익을 주게 하소서. 그래서 착하고 충성된 종이라고 칭찬을 받게 하소서.

경청

잘 알아듣는 귀를 주소서

생명의 경계를 듣는 귀는 지혜로운 자 가운데에 있느니라 잠 15:31

듣는 귀와 보는 눈, 그리고 생각하는 마음을 지으신 하나님! 아내에게 잘 보고 잘 알아듣고 분별할 수 있는 지혜를 주소서. 저희의 모든 기도를 귀담아 들으시는 하나님, 아내에게도 잘 알아듣는 지혜로운 마음을 허락하소서. 제대로 듣기 전에 말하여 부끄러움을 당하는 여인이 아니라, 끝까지 잘 듣고 잘 분별하여 사람들에게 칭찬과 영광을 받는 아내가 되게 하소서. 듣기는 속히 하고 말하기는 더디 하라고 하셨사오니, 아내에게 진지하게 듣는 귀와 신중한 언어를 주소서. 하나님은 원통하고 답답한 자의 사정을 잘 들어주는, 성령님을 닮은 상담자를 원하시는 줄 믿습니다. 아내가 어려운 사람들의 말을 잘 들어주고, 그들이 아내를 통해 힘을 얻고 치유를 받게 하소서. 먼저 위로부터 들려오는 하나님의 음성에 귀를 기울이는 신령한 귀가 열리게 하시고, 함께 사는 이웃의 음성에도 귀 기울이게 하소서. 가족을 위해서, 이웃을 위해서, 공동체를 위해서 아내에게 경청하는 마음을 허락하소서.

비전

아내가 하나님의 비전을 품게 하소서

또 여호와를 기뻐하라 그가 네 마음의 소원을 네게 이루어 주시리로다
시 37:4

저희를 세상에 보내실 때 각각을 향한 놀라운 계획을 가지신 하나님! 아내가 하나님의 그 뜻을 자신의 꿈으로 품을 수 있게 하소서. 아내가 이 땅에서 하나님 나라의 비전을 품고, 그 비전을 향하여 나아가게 하소서. 아내의 꿈이 세상을 향한 야망이 되지 않게 하시고, 아내를 향한 하나님의 비전과 일치하여 성령님의 도우심으로 그 비전을 이루어 가게 하소서. 비전을 주시는 분도 하나님이시요, 그 비전을 이루시는 분도 하나님이신 것을 믿사오니, 하나님의 방법을 따라 하나님의 인도하심을 따라 나아가게 하소서. 비전의 크기가 바로 인생의 크기인 줄 믿사오니, 하나님을 향하여 원대한 비전을 품게 하소서. 나이가 들어감에 따라 아내의 비전이 더욱 구체화 되게 하시고, 저와 자녀들과 함께 이루어 가는 생생한 비전이 되게 하소서. 비전으로 인해 아내가 깨어서 기도하게 하시고, 더욱 건강하고 생동감 있게 살게 하소서.

> 지혜

지혜로운 여인이 되게 하소서

집은 지혜로 말미암아 건축되고 명철로 말미암아 견고하게 되며 또 방들은 지식으로 말미암아 각종 귀하고 아름다운 보배로 채우게 되느니라
잠 24:3-4

지혜로 세상을 신비롭게 창조하신 하나님! 하나님을 경외할 때, 하늘로부터 지혜를 주시는 줄 믿습니다. 지혜의 근본이신 하나님을 경외함으로, 아내가 지혜로운 여인이 되게 하소서. 자신의 명철을 의지하지 않고 하나님을 인정하며 악에서 떠난 삶을 살 때, 지혜로운 사람이 되게 하신다고 하였사오니(잠 3:7), 아내도 이렇게 살아 하늘의 지혜를 얻게 하소서. 아내가 측량하지 못할 하나님의 지혜와 지식의 부요함을 깨닫게 하소서. 하나님이 주시는 지혜를 통하여 가정을 세우며 자녀들을 훈육하게 하소서. 아내에게 시간과 물질과 재능 같은 한정된 자원을 잘 선용할 수 있는 지혜를 주시고, 인간관계를 잘할 수 있는 상생의 지혜를 주셔서 지혜로운 여인이라는 칭찬을 받게 하소서. 지혜가 부족하거든 하나님께 구하라는 말씀을 붙들고 지혜를 구할 때 총명과 영감을 부어 주소서. 아내가 세상에 사는 동안 비둘기처럼 순결하면서 뱀처럼 지혜롭게 하소서. 성결하고 화평하며 양순하여 선한 열매가 가득하게 하소서. 아내에게 편벽함과 거짓이 없는 하늘의 지혜를 내려 주소서.

영감

영감이 넘치게 하소서

또 그가 영감으로 받은 모든 것 곧 여호와의 성전의 뜰과 사면의 모든 방과 하나님의 성전 곳간과 성물 곳간의 설계도를 주고 대상 28:12

위로부터 영감을 부어 주시는 하나님! 저희에게 특별한 영감을 주셔서 일을 탁월하게 감당할 수 있게 해주시니 감사드립니다. 저희의 수고와 노력 위에 하나님이 주시는 영감으로 감동과 놀라움을 동반하는 창조적인 역사를 이루게 하소서. 아내의 영적인 감각이 깨어 있어, 하나님이 주시는 영감에 사로잡히기를 원합니다. 아내가 신앙생활이나 가정생활이나 또는 일을 할 때, 하나님이 주시는 영감을 따라 살기를 원합니다. 하나님이 영감을 주시는 장소와 환경을 발견하여 그러한 기회를 자주 갖게 하시고 같은 일도 주시는 영감을 따라 더욱 탁월하게 감당하게 하소서. 아내가 하나님의 귀한 뜻을 볼 수 있도록 영의 눈을 밝혀 주시고, 심령을 맑게 해 주소서. 아내에게 엘리사에게 주셨던 영감을 허락하셔서 하나님의 영으로 일하게 하소서. 영감 있는 한 사람이 많은 사람들을 먹이고, 살리며 인도하는 줄을 믿사오니, 저희의 경험에만 맡겨두지 마시고 하늘로부터 영감을 내려 주소서. 모든 일을 하나님이 주시는 영감을 따라 하게 하소서.

형통

주님의 은혜로 형통하게 하소서

만일 그들이 순종하여 섬기면 형통한 날을 보내며 즐거운 해를 지낼 것이요
욥 36:11

하나님과 동행하는 자들에게 형통한 삶을 약속하신 주님! 아내가 항상 하나님과 함께 하고 말씀에 순종함으로 형통한 나날을 보내게 하소서. 힘들고 억울한 환경에 놓여 있었던 요셉도 하나님이 함께 하심으로 어느 곳에서나 형통하였던 것처럼, 아내도 어떤 상황 속에서도 하나님과 동행함으로 범사에 형통하게 하소서. 아내의 형통한 삶을 통하여 사람들이 하나님을 보게 하시고, 아내가 하나님에게 복 받은 사람임을 인정하게 하소서. 아내가 하나님의 말씀을 순종함으로 그 인생 길을 평탄하게 해 주시고, 날마다 주님이 주시는 기쁨을 누리게 하소서. 아내가 시냇가에 심겨진 나무처럼 깊이 뿌리를 내려 흔들림 없고, 항상 잎이 푸르고 아름다운 꽃을 피우며, 열매가 풍성한 삶을 살게 하소서(시 1:3). 아내로 인해 주위 사람들도 선한 영향력을 받게 하시고 아내와 가까이 지내는 모든 사람이 하나님의 은혜를 받게 하소서. 아내가 하나님과의 관계가 형통한 것처럼 자녀와 사람들과의 관계, 그리고 물질관계와 일상생활이 모두 형통하게 하소서.

승리

어떠한 환경에도 승리하게 하소서

우리가 너의 승리로 말미암아 개가를 부르며 우리 하나님의 이름으로 우리의 깃발을 세우리니 여호와께서 네 모든 기도를 이루어 주시기를 원하노라
시 20:5

어떤 상황에서도 믿는 자들에게 궁극적인 승리를 주시는 하나님! 승리를 주시는 여호와 닛시의 하나님을 찬양합니다. 저희의 앞길에 크고 작은 시련과 싸움 가운데, 기도로 선한 싸움을 하게 하시고 반드시 승리하게 하소서. 힘든 상황에서도 아내가 쓰러지지 않도록 항상 붙들어 주시고, 이미 승리하신 주님을 바라보게 하소서. 아내가 눈앞에 보이는 문제보다 더 크신 하나님을 믿음의 눈으로 바라보게 하소서. 전능하신 하나님을 믿는 믿음으로 담대하게 승리의 개가를 부르며 나아가게 하시고, 기도에 응답하시는 살아 계신 하나님을 체험하게 하소서. 아내가 외적인 조건으로 승리하는 것이 아니라, 강한 믿음으로 결국 승리한다는 것을 깨달아 알게 하소서. 하나님께로 난 자는 세상을 이기고, 세상을 이기는 힘은 하나님을 믿는 믿음이라는 것을 알게 하소서(요일 5:4). 마음을 강하게 함으로 하나님을 찬양하고, 승리를 주시는 하나님의 이름으로 나아가게 하소서. 악한 자들로 틈을 타지 못하게 하시고 믿음의 전신갑주로 무장하여 승리하게 하소서.

창의력

창조주의 형상을 본받게 하소서

새 사람을 입었으니 이는 자기를 창조하신 이의 형상을 따라 지식에까지 새롭게 하심을 입은 자니라 골 3:10

말씀으로 모든 존재하는 것들을 창조하신 전능하신 하나님! 하나님의 창조의 역사는 신비스러움과 영광스러움으로 가득 차 있습니다. 창조주 하나님의 형상을 따라 지음을 받은 저희가 새로운 역사를 창조하는 창조적 소수자들이 되게 하소서. 아내가 행하는 일이 비록 작은 일이라도, 그 일을 통해 하나님의 능력과 지혜가 나타나게 하시고, 하나님의 동역자가 되어 귀하고 복된 일에 쓰임을 받게 하소서. 아내가 일할 때도 창의적인 아이디어와 새로운 방식으로 하여, 새역사를 창조하는 창조적인 사람이 되게 하소서. 아내가 하나님의 말씀을 따라 먼저 자신의 마음과 삶을 변화시키고, 지식과 경험에까지 새로움을 입게 하소서. 지금도 만물을 새롭게 창조하시는 하나님의 동역자로서 자연만물을 잘 가꾸고 지키는 충성스러운 청지기가 되게 하소서. 하나님이 창조하신 만물 가운데 내포되어 있는 하나님의 섭리와 지혜를 잘 분별하게 하시고, 그것들을 이 시대에 맞게 응용하고 발전시켜서 하나님의 나라와 세상에 공헌할 수 있게 하소서.

> 용기

주를 의지하여 용기를 내게 하소서

두려워하지 말라 내가 너와 함께 함이라 놀라지 말라 나는 네 하나님이 됨이라 내가 너를 굳세게 하리라 참으로 너를 도와주리라 참으로 나의 의로운 오른손으로 너를 붙들리라 사 41:10

언제나 곁에서 저희를 붙드시는 하나님! 새로운 도전이나 시련 앞에서 곁에 계신 하나님을 보지 못하고, 번번이 두려움에 빠지는 저희를 도와주소서. 아내가 어려운 상황 가운데 낙망하지 않고, 눈을 들어 주님을 볼 수 있도록 담대한 믿음을 주소서. 풍랑이 이는 파도를 바라보면 마음에 두려움이 엄습하지만, 믿음으로 주님을 바라보면 바다 위도 걸을 수 있음을 믿습니다. 인생은 저희의 힘으로 사는 것이 아니라 주님이 주시는 능력으로 사는 것을 믿습니다. 힘들고 어려운 순간마다 주님이 곁에 오셔서 저희와 함께 하심을 믿습니다. 아내가 이것을 믿고 용기를 내게 하소서. "하나님이 나와 함께 하시니, 세상이나 사람이 나에게 어떻게 하겠느냐"하는 믿음으로 나아가게 하소서. 특별히 대적하는 사람이나 해결해야 할 과제에 봉착했을 때, 침착함을 잃지 않고 하나님의 영으로 충만하여져서 담대하게 나아가게 하소서.

책임

주어진 책임을 잘 감당하게 하소서

형제들아 너희가 자유를 위하여 부르심을 입었으나 그러나 그 자유로 육체의 기회를 삼지 말고 오직 사랑으로 서로 종 노릇 하라 갈 5:13

날마다 저희의 짐을 지시는 하나님! 저희도 살면서 서로에 대한 책임, 자녀에 대한 책임, 직장에서의 책임, 교회에서의 책임, 나라에 대한 책임을 잘 감당하게 하소서. 아내가 하나님께 받은 사랑과 복음에 대한 책임도 다하게 하소서. 책임을 기꺼이 지고자 하는 자에게 감당할 능력을 주시고, 지도력도 주시는 줄 믿습니다. 아내가 자기에게 주어진 역할을 회피하거나 변명하지 않게 하시고, 자발적으로 즐겁게 받아들임으로써 활동 영역이 확대되고 역량도 증대되게 하소서. 르우벤, 갓, 므낫세 반 지파가 먼저 배분받은 자기들의 땅에 안주하지 않고, 요단강 넘어 서쪽을 정복하기까지 하나님과 약속한 책임을 다하여 큰 축복을 받았던 것처럼(수 22:3), 저희도 말씀 앞에 약속한 것을 지킴으로 큰 복을 받게 하소서. 아내가 가정과 자녀를 위해 영적으로 깨어 기도하는 역할을 잊지 않도록 도우소서. 또한 기도한 대로 살면서 자신의 본분을 성실하게 잘 감당하게 인도하소서.

> 태도

삶에 긍정적인 태도를 취하게 하소서

주께서 심지가 견고한 자를 평강하고 평강하도록 지키시리니 이는 그가 주를 신뢰함이니이다 사 26:3

저희의 삶의 태도를 감찰하시는 하나님! 저희가 믿음으로 삶의 자세와 마음의 태도가 밝고 아름답게 변화되었음을 감사드립니다. 아내가 하나님께 은혜를 구하는 간절한 마음과 태도로 하루를 열게 하시고, 주님을 신뢰함으로 마음의 확신과 평안을 얻게 하소서. 아내의 일상이 날마다 주님을 향하게 하시고, 모든 사람을 대하여 주님께 하듯 하게 하소서. 성경의 믿음의 사람들이 삶을 긍정적으로 보고 적극적으로 임하였던 것처럼, 제 아내도 하나님 안에서 소망을 가지고 매사에 승리와 성공을 예언하게 하소서. 가정에서 무슨 일을 만나거나 아이들이 잘못하는 경우에도 소망을 가지고 격려하며, 잘 된다는 믿음을 가지고 나아가게 하소서. 아내를 만나는 사람마다 힘과 용기를 얻고, 아내로 인하여 행복 바이러스가 사방에 퍼지게 하소서. 어떤 형편에서든지 감사하며 자족하는 법을 배우게 하시고(빌 4:11), 불평하거나 원망하지 않게 하소서. 모든 것을 참으며 모든 것을 믿으며 모든 것을 바라며 모든 것을 견디게 하소서(고전 13:7).

> 성실

주님의 성실하심을 닮게 하소서

손을 게으르게 놀리는 자는 가난하게 되고 손이 부지런한 자는 부하게 되느니라 잠 10:4

언제나 변함없이 저희를 도우시는 성실하신 하나님! 저희를 향한 주님의 인자하심과 성실하심을 온 맘 다해 찬양합니다. 아내가 아침마다 주님의 인자하심을 선포하면서 하루를 시작하게 하시고, 밤마다 주님의 성실하심을 노래하면서 하루를 마감하게 하소서. 주님의 손으로 행하신 일이 놀랍고 위대하며, 주님의 날개로 항상 감싸 안아주시니 주님의 성실하심이 큽니다. 이렇게 날마다 새롭고 늘 새로우신 주님의 성실하심을 저희도 닮게 하소서. 아내도 항상 부지런히 가정을 잘 살피며 맡겨진 모든 일을 성실하게 최선을 다하게 하소서. 그래서 정직한 자의 성실에 복으로 응답하신다는 하나님의 약속을 경험하게 하소서(잠 11:3). 작은 일에 성실한 자에게 큰 것을 맡기시는 하나님 앞에, 주어진 모든 일을 작다고 여기지 않고, 작은 일도 큰 사랑으로 감당하게 하소서. 이삭 줍기 밖에 할 수 없는 어려운 상황에서도 성실하게 일하다가 큰 복을 받은 룻처럼, 성실한 아내의 손에 닿는 모든 일이 하나님의 풍성한 복을 받게 하소서.

> 절제

절제의 아름다움을 갖게 하소서

여자들도 이와 같이 정숙하고 모함하지 아니하며 절제하며 모든 일에 충성된 자라야 할지니라 딤전 3:11

자기를 다스리는 것이 성을 빼앗는 것보다 낫다고 말씀하신 하나님! 저희 스스로를 절제할 수 있는 마음을 주소서. 자기의 마음을 제어하지 못하는 자는 성읍이 무너지고 성벽이 없는 것과 같다고 하셨사오니, 절제함으로 모든 시험과 유혹으로부터 저희 자신을 지키게 하소서(잠 25:28). 세상은 더 많이 먹고, 더 많이 가지고, 더 많이 누리고, 더 높이 올라가면 행복하다고 말합니다. 그러나 저희는 많이 먹을수록 비만에 이르고, 가지면 가질수록 더욱 욕심을 내며, 누리면 누릴수록 더 큰 쾌락을 추구하며, 올라가면 올라갈수록 교만해져서 하나님을 멀리하는 것을 주변에서 많이 보았습니다. 저희에게 자족하는 마음을 주셔서, 하나님이 저희 마음에 만드신 하나님의 자리에 오직 하나님으로만 채우게 하소서. 하나님의 자리를 대신 채울 수 있는 것은 없습니다. 제 아내가 하나님이 주신 것에 감사하고, 만족하게 여김으로 스스로 자신을 절제할 수 있는 성숙한 여인이 되게 하소서. 아내가 거절할 줄도 알고, 내려놓을 줄도 아는, 절제의 미를 간직한 현숙한 여인이 되게 하소서.

관계

모든 관계에 형통하게 하소서

오직 위로부터 난 지혜는 첫째 성결하고 다음에 화평하고 관용하고 양순하며 긍휼과 선한 열매가 가득하고 편견과 거짓이 없나니 약 3:17

모든 막힌 담을 허시고 그리스도 안에 하나가 되게 하시는 하나님! 저희로 삼위일체 하나님의 완벽한 관계를 배우게 하소서. 사람들과의 경계가 없어서 서로 상처를 주지 않게 하시고, 반대로 너무 떨어져서 외톨이가 되지 않게 하소서. 홀로 있어도 외롭지 않고, 함께 있어도 자신을 잃지 않는 건강한 관계를 갖게 하소서. 너무 많은 사람들과 관계를 맺느라 분주하지 않게 하시고, 너무 자신 안에만 갇혀 있어 다른 사람들과 소통하지 못하는 일도 없게 하소서. 아내가 사람과 사람 사이에서 관계로 인해 힘들어 하지 않게 하시고, 바른 인간관계를 맺을 수 있는 관계의 지혜를 터득하게 하소서. 경건한 사람들과 영적 친교를 통하여 믿음이 자라게 하시고, 마음을 솔직하게 터놓고 이야기 할 수 있는 좋은 친구를 가지게 하소서. 무엇보다 먼저 예수 그리스도의 보혈의 은총으로 하나님과의 관계가 회복되고, 하나님의 사랑의 통로가 되어 다른 사람들의 상처를 치유하고 회복시키는 여인이 되게 하소서. 사람과의 관계뿐 아니라 세상과 물질의 관계도 하나님이 주시는 지혜로 말미암아 형통하게 하소서.

감동

성령에 감동된 사람이 되게 하소서

마음에 감동을 받아 슬기로운 모든 여인은 염소 털로 실을 뽑았으며
출 35:26

성령으로 감동하사 주님의 일을 감당하게 하시는 하나님! 세상은 갈수록 정서가 메말라가고 사랑도 식어져만 갑니다. 음악을 듣거나 시를 읽어도 감흥이 없고, 말씀을 들어도 감동이 없습니다. 이런 세상 속에서 사람들의 마음을 움직이고 감동을 전할 수 있는 아내가 되게 하소서. 주변의 작은 아픔에도 같이 눈물을 흘리는 아내가 되게 하시고, 작은 즐거움도 함께 기뻐하는 자가 되게 하소서. 고아에게 어미와 같은 사랑을, 힘들어 하는 자에게 격려를, 쓰러진 자들에게 위로를 주는 아내가 되게 하소서. 헐몬산의 이슬이 흘러내려 요단강을 이루듯 아내가 만들어가는 감동의 물줄기가, 주변 사람들의 마음에 평안을 끼치고 더 나아가 세상에 감동의 물결을 일으키는 촉매제 역할을 하게 하소서. 그러기 위하여 먼저 아내가 하나님의 말씀과 성령에 깊이 감동을 받게 하소서. 아내가 무슨 일을 하든지 성령의 감동하심을 따라 하나님을 기쁘시게 하고, 모든 사람 앞에서 탁월하게 감당하여 칭찬 받는 지혜로운 아내가 되게 하소서.

감정

감정을 잘 다스리게 하소서

노하기를 더디 하는 자는 크게 명철하여도 마음이 조급한 자는 어리석음을 나타내느니라 잠 14:29

마음에 평정을 주시는 하나님! 마음을 다스리는 것이 중요한데 사람들은 자신의 감정조차 다스리지 못하고 있습니다. 무슨 일만 당하면 당황하거나 분노하거나 우울해 하면서 감정의 깊은 수렁에서 헤어 나오지 못하는 경우가 많습니다. 아내에게 이런 세태 가운데서 자신의 감정을 무조건 억누르는 것이 아니라, 슬기롭게 잘 표현하고 다스릴 수 있는 지혜를 주소서. 아내가 환경이나 기분에 좌우되지 않고 마음의 평정을 유지할 수 있도록 도와주소서. 조울증이나 우울증, 분노나 낙담, 원망이나 스트레스에서 벗어나 건강한 마음 상태를 유지할 수 있도록 감정을 조절할 수 있는 능력을 주소서. 자녀들을 교육할 때도 감정이 앞서지 않도록 하시고, 이성적이고 공감적인 판단을 먼저 하게 하소서. 감정의 지배를 받기보다는 감정의 주인이 되어 적절하게 잘 표현하여 가정과 세상에서 현숙한 여인으로 인정받게 하소서. 하나님께서 주신 감정을 잘 활용하여 서로 이해하고 소통하고 공감할 수 있게 하소서. 영적으로 변화된 사람의 건강한 감정인 사랑, 기쁨, 평안을 누리게 하소서.

> 생각

성령님을 따라 생각하게 하소서

육신의 생각은 사망이요 영의 생각은 생명과 평안이니라 롬 8:6

마음의 생각을 감찰하시는 하나님! 저희 입술의 모든 말과 마음의 묵상이 주님께 열납 되기를 원합니다. 저희가 오직 성령님이 주시는 생각을 따라 생각하게 하소서. 심령의 변화는 생각의 변화에서 시작되는 줄로 믿사오니, 참되고 경건하며, 옳으며 정결하며, 사랑하며 칭찬할 만한 것들을 생각하게 하소서(빌 4:8). 육신의 생각은 사망의 길로 가지만, 성령님을 따르면 생명과 평안의 길로 향하는 것을 믿습니다. 아내가 어떠한 상황에서도 성령님이 주시는 생각을 자신의 생각으로 품게 하소서. 사람의 일보다는 하나님의 일을 생각하게 하소서(마 16:23). 악한 자들이 위협할 때에는 지난 날 승리할 수 있도록 도와주신 하나님을 기억하게 하시고, 그때의 증거들을 상기함으로써 힘을 얻게 하소서(시 119:95). 힘들 때에도 앞으로 이 일을 통하여 위대한 일을 행하실 하나님을 기대하며 찬양하게 하소서. 눈앞의 현실만 바라보는 것이 아니라, 그 너머에 계신 하나님을 생각하는 아내가 되게 하소서. 사람은 그가 생각하는 대로 된다고 하셨사오니(잠 23:7), 아내가 긍정적인 생각을 하게 하소서. 악한 생각, 부정적인 생각이 틈타지 못하도록 마음의 생각을 지켜 주소서.

> 선택

하나님 뜻을 따라 바른 선택을 하게 하소서

내가 오늘 하늘과 땅을 불러 너희에게 증거를 삼노라 내가 생명과 사망과 복과 저주를 네 앞에 두었은즉 너와 네 자손이 살기 위하여 생명을 택하고
신 30:19

하나님의 기쁘신 뜻을 위하여 저희를 부르시는 하나님! 저희가 순간순간 선택의 기로에 서 있으며, 어떤 것을 선택하느냐에 따라 진로가 달라지고, 누구를 선택하느냐에 따라 인생이 달라짐을 압니다. 제 아내가 하나님의 뜻을 따라 바른 선택을 할 수 있도록 주의력과 분별력과 판단력을 주소서. 말씀을 기준으로 세우고, 성경적인 가치관과 세계관으로 바른 선택을 하여 생명과 복된 길로 나아가게 하소서. 주님의 뜻을 따라 말씀대로 나아가고 싶지만, 때로는 어떤 길이 옳은지 분간하지 못할 때가 있사오니, 주님의 인도하심을 구할 때마다 길을 보여 주소서. 눈으로 보기에 좋은 길이 아니라, 하나님이 보시기에 아름다운 소망의 길로 나아가게 하소서. 아내가 기도하면서 선택한 그것이 주님의 뜻을 이루는 길이 되게 하소서. 아내의 크고 작은 모든 선택이 하나님의 위대한 계획 가운데 있게 하시고, 아내가 그 길 안에서 기쁨과 평안을 누리며 살게 하소서. 나중에 뒤돌아볼 때, 선택했던 그 길들이 하나님께서 인도하신 길이었음을 고백하는 아내가 되게 하소서.

변화

나날이 주님을 닮아가게 하소서

하나님을 따라 의와 진리의 거룩함으로 지으심을 받은 새 사람을 입으라
엡 4:24

날마다 우리를 새롭게 하시는 하나님! 저희도 성령님 안에서 날마다 새롭게 변화시켜 주소서. 의와 진리와 거룩함으로 지으심을 받은 새사람이 되게 하소서. 지금까지의 좋지 않은 습관과 나태함에서 완전히 벗어나게 하시고, 성실함과 경건한 습관을 익히게 하소서. 세상도 하루가 다르게 신속하게 변하는데, 저희도 바르고 빠르게 변하여 올바른 변화를 선도하는 사람이 되게 하소서. 아내가 세상의 유행을 따르기보다는, 하늘에서 부는 성령의 바람을 따라 변화되게 하시고, 외모의 변화보다는 내면의 변화에 민감하게 하소서. 아내가 명품이나 보석으로 치장하기보다는 성결한 마음과 아름다운 행실로 빛나게 하소서. 나이가 들어갈수록 주님을 닮아 원숙한 아름다움과 인생의 향기가 드러나게 하소서. 아내의 속사람이 날로 새로워지게 하시고, 마음의 생각과 태도가 새로워지게 하시며, 말과 행동도 거룩하게 하소서. 사고가 변하고, 성품이 변하고, 생활이 변화됨으로 온전한 새 사람을 이루게 하소서.

> 성장

그리스도의 장성한 분량에 이르도록 성장하게 하소서

의인은 종려나무 같이 번성하며 레바논의 백향목 같이 성장하리로다
시 92:12

우주에 충만하신 하나님! 영적으로 거듭난 저희가 성화의 과정을 거쳐 성결한 믿음의 사람으로 그리스도의 장성한 분량에까지 이르게 하소서(엡 4:13). 성장하지 않으면 그대로 있는 것이 아니라 퇴보한다는 말이 있듯이, 하나님의 품 안에서 아내가 나날이 성장하게 하소서. 아내가 외적으로 성장하고 내적으로도 성숙하게 하소서. 사랑에 있어서도 가족으로부터 교회와 이웃으로 사랑의 대상을 넓혀 가고, 사랑의 깊이와 높이도 확장되게 하소서. 아내가 사랑스러운 딸의 모습에서부터 지혜로운 아내, 그리고 복된 어머니로 여러 역할과 사역을 잘 감당할 수 있는 성숙한 여인이 되게 하소서. 다른 사람들에게도 열린 마음으로 긍휼과 사랑을 베푸는 여인이 되게 하소서. 아내가 경영하고 힘쓰는 일들이 충실하게 열매를 맺게 하시고, 제 아내로 말미암아 저도 성장하고 자녀도 번성하게 하소서. 아내가 주님께서 맡겨 주신 사명을 감당하면서 주님의 성품에 이르게 하시고, 하나님을 기쁘시게 하는 아내가 되게 하소서.

기회

기회를 지혜롭게 포착하게 하소서

세월을 아끼라 때가 악하니라 엡 5:16

예기치 못한 순간에 특별한 기회를 주시는 하나님! 저희를 지금까지 때마다 일마다 시의적절하게 잘 인도해 주셔서 감사드립니다. 아내가 깨어 기도하는 가운데 하나님이 주시는 기회를 잘 포착하게 하소서. 하나님이 주시는 사인을 잘 분별할 수 있는 지혜를 주셔서 부르실 때 믿음으로 반응하여 담대히 나아가게 하소서. 주님이 주신 기회를 낭비하지 않고, 잘 활용함으로 가능성 있는 사람에서 능력 있는 사람으로 나아가게 하소서. 하나님이 주신 기회는 저희가 지닌 잠재력을 능력과 업적으로 바꾼다는 것을 믿습니다. 저희에게 기회를 주시고 이끄시고 변화시키셔서, 저희를 성장시켜 주소서. 저희 인생에 폭풍이 몰아칠 때, 그것이 위기가 아니라 저희를 변화시킬 수 있는 기회임을 깨닫게 하소서. 아내가 어려움 가운데서도 주님을 볼 수 있게 하시고, 위기를 위대한 기회로 만들 수 있는 용기를 주소서. 저희 인생에 아름답고 복된 기회를 허락하여 주시고, 그 일을 통하여 하나님의 역사를 보고 하나님께 영광을 돌리게 하소서.

성결

성결의 영으로 충만하게 하소서

하나님이여 내 속에 정한 마음을 창조하시고 내 안에 정직한 영을 새롭게 하소서 시 51:10

"내가 거룩하니 너희도 거룩하라"고 하신 하나님! 예수 그리스도를 통하여 하나님과 교제할 수 있도록 해 주셔서 감사드립니다. 하나님과의 친밀한 교제는 성령님의 임재 안에서 성결한 삶을 힘쓸 때 가능한 줄 믿습니다. 아내가 혼탁하고 오염된 세상에서 세상에 물들지 않고 구별된 생활을 하면서, 심령의 거룩함과 성결한 삶을 유지하게 하소서. 저희의 몸이 하나님이 거하시는 거룩한 성전임을 인식하고, 육체의 순결과 마음의 성결과 영혼의 거룩함을 지킬 수 있도록 도와주소서. 지난날의 죄와 허물과 습관에서 아내를 자유하게 하시고, 성령의 능력 안에서 순결한 신부로 살아갈 수 있도록 도와주소서. 매일매일 다가오는 악의 유혹에서 지켜 주시고, 몸과 마음과 영이 성령의 도우심으로 성결의 은혜를 경험하게 하소서. 성결한 아내의 말과 행실을 통하여, 주변에 거룩한 영향력을 미치게 하시고, 사회적 성결도 이룰 수 있게 하소서.

`열정`

주님의 열정을 주소서

너는 나를 도장 같이 마음에 품고 도장 같이 팔에 두라 사랑은 죽음 같이 강하고 질투는 스올 같이 잔인하며 불길 같이 일어나니 그 기세가 여호와의 불과 같으니라 아 8:6

열심이 한이 없으신 하나님! 저희를 향한 주님의 열심 있는 사랑으로 저희를 구원해 주셔서 감사드립니다. 저희도 하나님이 주신 모든 일에 주님의 열정을 가지고 임하게 하소서. 저희 부부가 서로를 향한 처음 사랑이 식지 않도록 도와주소서, 그래서 날마다 더욱 뜨겁게 사랑하게 하소서. 아내가 열정을 가지고 추구하는 모든 일을 형통하게 하시고, 자녀 양육이나 맡은 일에 열정을 가지고 새롭게 계획하고 실행하게 하소서. 세상 일에 대한 바른 열정뿐 아니라 하나님의 사역에도 열정을 가지게 하소서. 하나님을 사모하는 열심을 가지고 열정적으로 기도하고 말씀을 배우고 실천하는 일에도 열심을 다하게 하소서. 무엇보다 영혼 구원에 대한 열정을 가지고 전도하는 일에 힘쓰고, 열심을 품고 주를 섬기게 하소서. 예수님은 십자가를 지시기까지 저희를 위해 열심을 내셨으니, 저희가 나태함으로 죄를 짓지 않게 하시고, 선한 일에 열심을 내게 하소서. 열정의 기름이 떨어지지 않도록 날마다 성령의 기름을 부으셔서 불이 항상 타오르게 하소서.

인내

인내함으로 소망을 이루게 하소서

다만 이뿐 아니라 우리가 환난 중에도 즐거워하나니 이는 환난은 인내를, 인내는 연단을, 연단은 소망을 이루는 줄 앎이로다 롬 5:3-4

십자가의 고난을 참으시고 우리의 죄를 대속하신 예수님! 저희가 힘들고 지칠 때 마다 예수님의 십자가를 바라보며, 다시 한 번 견딜 수 있는 힘을 얻게 하소서. 아내가 현재의 환난을 잘 인내함으로, 연단을 받아 소망을 이루어 가고 있음을 알게 하소서. 그래서 모든 일을 잘 참아 견디고 소망 중에 기쁨으로 감당하게 하소서. 아내가 자신을 험담하고 모욕하는 사람에 대해서도 분노하고 다투기보다는 한 템포 늦출 수 있는 여유를 주시고, 억울해도 침묵함으로써 하나님께 맡기는 인내를 배우게 하소서. 이웃과 사귈 때에도 미소를 잃지 않게 하시고, 이웃의 약점을 당장에 억지로 고치려 들지 않게 하소서. 자녀들에 대해서도 결과가 빨리 도출되지 않는다고 조급해 하거나 낙심하지 않게 하소서. 오직 하나님의 때를 기다릴 줄 아는 지혜를 주소서. 눈물로 씨를 뿌리면 하나님의 때에 기쁨으로 풍성한 수확을 거두게 하실 줄 믿습니다. 아내의 인내로 말미암아 가정에 아름다운 열매가 맺히고 많은 사람들이 옳은 길로 돌아오게 하소서.

사역

모든 일이 하나님 나라를 위한 사역이 되게 하소서

우리는 하나님의 동역자들이요 너희는 하나님의 밭이요 하나님의 집이니라 고전 3:9

각 사람에게 하나님 나라를 위한 사역을 감당하도록 은사를 베푸시는 하나님! 저희를 통하여 영광을 받아 주셔서 감사드립니다. 아내가 가정에서의 살림이나 교회와 사회에서 무슨 일을 하든지 주님께 하듯 하여, 모든 일이 하나님 나라를 위한 사역이 되게 하소서. 저희가 서로 맡은 일은 달라도 공동의 목표인 하나님 나라를 위한 동역자가 되게 하시고, 하나님과 동역하여 일을 능력 있게 잘 감당하게 하소서. 저와 아내가 서로 격려해 주고, 서로 힘이 되어 주고, 서로 기도해 주는 동역자적인 삶을 살아가게 하소서. 서로에게 주어진 은사와 재능을 존중하고, 서로의 일을 귀하게 여기며, 서로에게 든든한 버팀목이 되어 사명을 충성스럽게 수행할 수 있도록 도와주소서. 아내의 사역에 성령의 은사를 더하여 주셔서 잘 감당하게 하시고, 하나님께 "잘하였다 착하고 충성된 종아 작은 일에 충성하였으니 큰일을 맡기리라"는 칭찬을 받게 하소서. 가정 사역이나 교회 사역, 그리고 일터 사역을 통하여 하나님 나라를 확장해 나가게 하소서.

은사

사랑의 은사를 더하여 주소서

너희는 더욱 큰 은사를 사모하라 내가 또한 가장 좋은 길을 너희에게 보이리라 고전 12:31

온갖 다양한 은사를 주시는 하나님! 아내에게 귀하고 값진 은사와 재능을 선물로 주신 것을 감사드립니다. 아내가 자신의 은사와 재능을 발견하게 하시고, 그것을 잘 개발하여 하나님께 영광을 돌리게 하소서. 아무리 많은 은사와 능력과 심지어 산을 옮길 만한 믿음이 있다 해도 그 안에 사랑이 없으면 아무것도 아니라고 하셨사오니, 아내의 모든 은사 위에 하나님의 사랑을 더하여 주소서. 아내가 자신에게 주어진 은사와 재능을 오직 사랑으로 행하게 하소서. 사랑으로 섬기고 사랑으로 사역하게 하소서. 아내가 질서 있게 은사를 활용하고, 그 은사를 통하여 가정을 복되게 하며, 나아가 교회 공동체에 덕을 끼치게 하소서. 아내가 자신의 은사뿐 아니라 다른 사람들의 은사도 귀하게 여기며, 서로 아름답게 동역하면서 교회에 유익이 되게 하소서. 아내에게 사랑의 은사 위에 지혜와 지도력, 그리고 영적 분별력과 섬김의 은사를 더하여 주셔서 모든 믿는 자의 본이 되게 하소서.

> 선행

착한 일에 본을 보이게 하소서

그러므로 우리는 기회 있는 대로 모든 이에게 착한 일을 하되 더욱 믿음의 가정들에게 할지니라 갈 6:10

선하심과 인자하심의 원천이신 하나님! 제게 착한 마음을 지닌 아내를 주셔서 감사드립니다. 아내가 기회 있는 대로 모든 사람에게 선한 일을 하고, 특별히 믿는 자들을 많이 돌아보게 하소서. 선행을 할 때, 자신의 의를 드러내고 세상의 칭찬을 구하지 않게 하시고 오직 하나님의 자녀로서 받은 사랑을 나누는 마음으로 하게 하소서. 사소한 일로부터 시작하여 큰일에 이르기까지 먼저 어렵고 힘든 사람들을 배려하는 아내가 되게 하소서. 주변에 선하게 사는 사람들을 좋아하고 남들의 선행을 기뻐하며 격려하고 본받는 사람이 되게 하소서. 아내가 착한 일을 하다가 마음에 상처를 받지 않도록 보호해 주시고, 누가 보지 않고 칭찬해 주지 않아도 하나님 앞에서 행하게 하소서. 때때로 인간이기 때문에 감사하지 않는 사람들 때문에 낙심하게 될 때 위로해 주시고, 하나님 앞에 상급을 많이 쌓는 아내가 되게 하소서. 아내의 착한 행실을 보고 사람들이 감동을 받게 하시고, 하나님께 영광을 돌리게 하소서.

드림

즐거운 마음으로 드리게 하소서

주라 그리하면 너희에게 줄 것이니 곧 후히 되어 누르고 흔들어 넘치도록 하여 너희에게 안겨 주리라 너희가 헤아리는 그 헤아림으로 너희도 헤아림을 도로 받을 것이니라 눅 6:38

즐겨 내는 자를 기뻐하시는 하나님! 저희에게 드리고자 하는 마음과 드릴 수 있는 물질을 주셔서 감사드립니다. 아내가 하나님의 사역을 위해, 어려운 사람들을 위해 드리는 것을 즐거워하게 하소서. 아내가 오병이어의 기적과 사르밧 과부의 드림의 기적을 경험하게 하소서. 그래서 믿음으로 더 많은 것들을 드릴 수 있는 드림의 선순환이 이루어 질 수 있도록 도와주소서. 아내가 구하는 것이 쌓고자 함이 아니라, 더 많은 것을 드릴 수 있는 기회를 얻기 위함이 되게 하소서. 그래서 아내를 통하여 가정이 풍요로워지고, 다른 사람들을 풍요롭게 하고, 하나님이 주시는 풍성한 은혜를 받게 하소서. 이런 가정에서 자라나는 저희 자녀들도 많은 사람들을 먹일 수 있는 사람으로 자라게 하소서. 세상은 만 명이 먹을 수 있는 것을 혼자 먹고 사는 사람을 잘사는 사람처럼 말하지만, 저희들은 혼자 먹을 것으로 만 명을 먹일 수 있는 드림의 삶을 살게 하소서. 저희들의 손길을 통하여 수만의 사람들을 먹이고 살릴 수 있게 하소서.

소명

거룩한 부르심에 합당한 삶을 살게 하소서

이러므로 우리도 항상 너희를 위하여 기도함은 우리 하나님이 너희를 그 부르심에 합당한 자로 여기시고 모든 선을 기뻐함과 믿음의 역사를 능력으로 이루게 하시고 살후 1:11

거룩한 뜻을 가지고 저희를 부르시는 하나님! 저희를 충성스럽게 여기셔서 하나님의 귀한 직분을 맡겨 주심을 감사드립니다. 하나님이 모두에게 생명을 주신 것은 각각의 사명이 있기 때문이고, 그것이 바로 하나님이 부르신 소명이며, 그 소명은 오직 사랑으로 감당해야 됨을 믿습니다. 아내가 영원 전부터 자신을 부르신 하나님의 소명을 깨달아 그 부르심에 합당하게 살게 하소서. 하나님의 부르심 앞에 변명하지 않게 하시고, 믿음으로 순종하여 하나님의 거룩하신 뜻을 이루게 하소서. 하나님은 아내에게 감당할 수 있는 능력과 지혜도 주신 줄 믿사오니, 믿음으로 말하고 믿음으로 역사하여 하나님의 소명을 이루게 하소서. 아내가 가사와 육아로 인하여 하나님께 받은 소명을 소홀히 하지 않게 하시고, 할 수 있는 작은 일부터 큰 사랑으로 시작하게 하소서. 아내가 자신의 욕심이나 야망을 위해서가 아니라, 하나님의 비전과 목적을 이루는 삶을 살게 하소서. 저도 그러한 아내를 존중하고 조력하겠습니다.

은혜

은혜의 원리를 따라 살게 하소서

무릇 더러운 말은 너희 입 밖에도 내지 말고 오직 덕을 세우는 데 소용되는 대로 선한 말을 하여 듣는 자들에게 은혜를 끼치게 하라 엡 4:29

은혜가 풍성하신 하나님! 주님을 찾는 자들에게 무조건적인 은혜, 한이 없으신 은혜를 값없이 베풀어 주셔서 감사드립니다. 저희가 구원을 받은 것은 저희의 공로가 아니라, 예수 그리스도 안에 있는 긍휼을 통하여 하나님이 거저 주신 은혜임을 믿습니다. 하나님의 은혜 아니면 저희가 설 수 없고, 오직 십자가의 은혜 아니면 구원받을 수 없음을 고백합니다. 저희가 자신의 공로나 권리를 주장하는 것이 아니라, 은혜의 원리를 따라 서로를 대하므로 가정의 천국을 이루게 하소서. 서로 옳은 것만 주장하지 않게 하시고 그 위에 은혜를 구하게 하소서. 아내가 위로부터 부으시는 하나님의 은혜를 풍성히 받아 마음의 천국을 이룰 뿐 아니라, 은혜 받은 사람으로서 다른 사람들에게도 은혜를 베풀게 하소서. 다른 사람을 용서하지 못하는 것은 그의 악함보다 제게 은혜가 부족하다는 것을 알게 하시고, 더 큰 은혜를 구하게 하소서. 참된 변화는 강압으로가 아니라, 은혜 안에서 일어나는 것임을 믿게 하소서. 언제나 은혜와 진리가 함께 하게 하소서.

명예

세상에서 아름다운 이름을 얻게 하소서

그의 자식들은 일어나 감사하며 그의 남편은 칭찬하기를 덕행 있는 여자가 많으나 그대는 모든 여자보다 뛰어나다 하느니라 잠 31:28-29

모든 이름 위에 뛰어나신 하나님! 저희에게 하나님의 자녀라는 영광스러운 이름과 권세를 허락해 주셔서 감사드립니다. 하나님의 자녀인 저희가 세상에서 칭찬과 명성을 얻어 하나님께 영광을 돌리게 하소서. 아내를 통하여 믿는 사람들이 칭찬을 받고, 하나님의 영광이 나타나게 하소서. 아내가 잠깐 있다가 사라지는 세상의 명예가 아닌, 하나님 앞에서 존귀한 이름을 영원히 얻게 하소서. 아내의 삶을 통해 하늘에 계신 아버지의 이름이 거룩히 여김을 받으시길 원합니다. 아내가 제게 자랑스러운 여인일 뿐 아니라 자녀들에게도 존중 받는 어머니가 되게 하소서. 남편을 잘 내조하여 세울 뿐 아니라, 자녀들을 잘 양육하여 귀하게 쓰임 받는 인물로 세우는 어머니로서 믿음의 명문 가문을 이룰 수 있게 하소서. 그래서 아내가 가정과 교회, 사회에서 아름다운 이름을 얻게 하소서. 아내가 항상 자신의 이름에 어울리는 언행을 하게 하시고, 매사에 덕을 쌓게 하시고, 하나님이 인정하시는 딸이 되게 하소서.

행복

행복한 사람이 되게 하소서

심령이 가난한 자는 복이 있나니 천국이 그들의 것임이요 마 5:3

세상에서도 참된 행복을 누리게 하시는 하나님! 저희를 주님 안에서 만나게 해 주시고 하나님 중심으로 행복한 가정을 이루게 해 주셔서 감사드립니다. 저희가 어떤 순간에도 서로를 향한 감사와 감격을 잃지 않게 하소서. 저희가 세상 사람들이 추구하는 복이 아니라, 하나님 나라를 앞당겨 누리는 복을 누리게 하소서. 물질을 소유하는 복이 아니라, 하나님 자녀로서의 존재의 복을 누리게 하소서. 하나님의 자녀로 살아가는 행복, 하나님이 복 주시는 가정을 이루고 사는 행복, 사랑하는 사람과 함께 하는 행복을 감사하면서 누리며 살게 하소서. 세상이 추구하는 행복은 막연하고 가변적인 것이지만, 하나님이 주시는 행복은 영원하며 일상에서 경험할 수 있는 것인 줄 믿습니다. 세상의 부귀영화가 아니라 서로 사랑하며 하나님 나라를 소망하는 가운데 화목하게 사는 것이 행복임을 깨닫게 하소서. "여호와는 나의 목자시니 내가 부족함이 없으리로다"라는 고백, "나의 잔이 넘치나이다"라는 감사가 아내의 입술에서 떠나지 않게 하소서. 그 위에 남편과 자녀를 통해 주시는 행복을 누리게 하시고, 자신의 일을 통하여 주시는 하나님의 복도 받게 하소서.

> 일터

일을 통하여 하나님을 섬기게 하소서

무슨 일을 하든지 마음을 다하여 주께 하듯 하고 사람에게 하듯 말라
골 3:23

하나님의 목적을 위하여 저희를 부르신 하나님! 제 아내에게 일할 수 있는 기회를 주셔서 감사드립니다. 먼저 아내에게 주어진 일을 즐겁게 잘 감당할 수 있는 건강과 재능, 그리고 좋은 동료들을 허락하여 주소서. 아내가 일하는 보람을 느끼게 하시고, 그 일을 통하여 자신을 개발하고, 궁극적으로는 하나님을 섬기며 하나님께 영광을 돌리게 하소서. 아내가 하는 일이 단지 생계를 위해 마지못해 하는 일이 되지 않게 하시고, 작게는 가까운 이웃을 섬기고, 크게는 나라와 민족을 위하는 일이 되게 하소서. 아내의 일터를 축복하여 주셔서, 좋은 분위기에서 기분 좋게 서로 협력하며 아름답게 일하게 하소서. 아내의 땀의 대가로 가족의 필요가 채워질 뿐 아니라, 다른 사람들의 필요도 채워지게 하소서. 일을 하면서 예기치 못한 어려움들과 걱정스러운 일을 만날 때마다 도움의 손길을 보내주셔서, 하나님이 주시는 슬기로 잘 극복하게 하소서. 하나님 앞에 기도함으로써 위기를 잘 견디게 하시고, 더욱 성장하여 자신의 분야에서 크게 쓰임 받게 하소서.

가정

하나님의 은혜로 복 받는 가정이 되게 하소서

우리를 위하여 여우 곧 포도원을 허는 작은 여우를 잡으라 우리의 포도원에 꽃이 피었음이라 아 2:15

복된 가정을 허락해 주신 하나님! 하나님을 중심으로 아름답고 행복한 가정을 이루게 해 주셔서 감사드립니다. 저에게 이처럼 꼭 맞는 배우자를 허락하셔서, 완전하진 못해도 서로 사랑하며 서로 부족한 것을 채워 주며 하나님을 경외하는 가정을 세워가게 하신 것 감사드립니다. 때로는 저희 각자의 부족함으로 크고 작은 어려움들이 찾아올 때도 있지만, 반석 위에 세운 집이 흔들림이 없듯이, 주님의 은혜와 사랑 위에 저희 가정을 든든히 세워 주소서. 가정이 제게 세상살이에 지친 몸과 마음을 포근하게 쉴 수 있는 안식처가 되게 하시고, 아내에게는 사랑이 가득한 보금자리가 되게 하시며, 아이들에게는 보호와 양육을 받는 곳이 되게 하소서. 저희 가정이 각자 높은 산을 향하여 오르는데 필요한 힘과 양식을 공급받는 베이스캠프가 되게 하소서. 하나님께서 저희 가정의 주인이 되셔서 항상 안전하게 지켜 주시고, 모든 사람에게 하나님 나라의 모델을 보여 줄 수 있게 하소서.

한마음

저희 부부가 한마음 한뜻을 이루게 하소서

마음을 같이하여 같은 사랑을 가지고 뜻을 합하며 한마음을 품어 빌 2:2

저희 부부를 하나로 묶어 주신 하나님! 모든 면에서 서로 다른 저희 두 사람이 하나님의 섭리 가운데 만나 아름다운 가정을 이루게 하신 은혜에 감사드립니다. 자라 온 환경도 다르고 살아온 과정도 너무 다른 저희가 하나님 앞에 서약하고, 이렇게 한 몸을 이룬 것이 신비스럽습니다. 서로 성격과 생각이 다르기 때문에 종종 크고 작은 일에 의견 차이를 보입니다. 그러나 다르다고 해서 틀린 것이 아니라는 사실을 늘 기억하게 하소서. 의견 차이가 생길 때마다, 상대방의 입장에서 볼 수 있는 마음의 여유를 주소서. 서로 다르지만 서로 보완하라고 저희를 짝 지어 주신 하나님의 뜻을 헤아리게 하소서. 진정한 사랑은 서로 마주보는 것이 아니라, 같은 방향을 바라보는 것이라는 말처럼 저희가 궁극적인 목적을 함께 지향하는 부부가 되게 하소서. 서로를 용납하고 포용하게 하시고, 자신의 고집을 내려놓고 사랑으로 하나가 되게 하소서. 모든 일에 저희 부부가 한마음을 품게 하시고, 겸손하게 서로의 다름을 존중하게 하소서.

상호 존중

서로를 귀하게 여기게 하소서

아무 일에든지 다툼이나 허영으로 하지 말고 오직 겸손한 마음으로 각각 자기보다 남을 낫게 여기고 빌 2:3

저희를 천하보다 더 귀하게 여기시는 하나님! 많은 허물과 부족함에도 불구하고 저희를 하나님의 자녀로 삼아 주셔서 감사드립니다. 저희는 값없이 구원을 선물로 받았음에도 불구하고, 다른 사람을 대할 때에는 그의 잘잘못을 따져 대해왔던 것을 회개합니다. 심지어 하나님께서 사랑하라고 짝지어 주신 아내를 작은 실수나 부족함을 이유로 상처 주고 무시했던 것을 용서하여 주소서. 아내가 연약한 그릇임을 깨달아 보호해 주고, 허물을 감싸 주고, 더 많이 사랑하게 하소서. 아내에게도 저를 긍휼히 여기는 마음을 주셔서, 부족함 많은 저를 용납하고 존중할 수 있는 마음을 주소서. 죽기까지 저희를 사랑하신 주님의 은혜를 생각하며, 피 값으로 구원받은 배우자를 더욱 귀하게 여기게 하소서. 가정에서 서로 먼저 존중하게 하시고, 세상에서도 자존감을 가지고 당당하게 하소서. 자녀들도 가정에서 존중을 받음으로 자기 자신을 귀하게 여길 줄 알게 하시고, 나아가 다른 사람을 존경할 줄 아는 자녀들로 자라게 하소서.

성령 충만

오직 성령의 충만을 받게 하소서

내가 이르노니 너희는 성령을 따라 행하라 그리하면 육체의 욕심을 이루지 아니하리라 갈 5:16

하늘나라의 보증으로 성령님을 보내 주신 하나님! 성령님을 통하여 성경에 나타난 모든 역사를 현재에도 경험할 수 있게 해 주심을 감사드립니다. 저희에게 성령님을 충만하게 부어 주셔서, 성령님의 인도함을 받게 하소서. 사람들은 세상의 합리적인 지식과 경험을 따라 살아야 한다고 말하지만, 저희는 진리와 생명으로 인도하시는 성령님의 감동을 따라 살기를 원합니다. 성령님, 저희에게 충만하게 오셔서 성품으로는 성령의 열매를 맺게 하시고, 능력으로는 성령의 역사가 나타나게 하소서. 성령님을 근심되게 하거나 성령님이 주시는 생각을 소멸하거나 성령님을 거역하지 않게 하시고, 오직 성령님을 따라 행하게 하소서. 성령님, 환영하오니 저희들에게 오셔서 저희의 연약함을 도와주시고, 담대하게 복음을 전할 수 있게 하소서. 성령님, 아내가 슬플 때 곁에서 위로해 주시고, 어떻게 기도해야 할지 모를 때 기도를 도와주소서. 아내가 성령님 안에서 하나님과 더욱 친밀해지고, 성령님 안에서 안식을 누리며, 성령님 안에서 사역을 감당하게 하소서.

가치관

성경적 가치를 따라 살게 하소서

그러므로 너희가 그리스도와 함께 다시 살리심을 받았으면 위의 것을 찾으라 거기는 그리스도께서 하나님 우편에 앉아 계시느니라 골 3:1

하나님의 나라와 의를 구하라고 말씀하신 주님! 저희 부부가 이 세상을 살아갈 때에 세상의 가치관이 아니라, 성경적인 가치관을 따라 살게 하소서. 눈이 밝아야 온몸이 밝다고 하셨으니(마 6:22), 아내가 하나님 나라의 세계관을 가지고 살게 하소서. 세상 사람들은, 마치 이 세상이 전부인 것처럼 물질적인 가치들을 따라 바쁘게 살아가지만, 구원받은 저희는 궁극적인 가치인 하나님 나라를 구하며 살게 하소서. '가짐'의 가치보다는 '됨'의 가치를 중시하고, 무엇이 되는 것에 만족하지 않고, 더 나아가 그것으로 나누고 돌보고 섬기는 삶을 살게 하소서. 한정되어 있고 없어질 유한한 가치보다는 영원한 가치를 추구하며 살게 하소서. 하나님이 세상에서 주신 힘을 남용하지 않고, 정의롭게 사용하여 사랑을 실천하게 하소서. 먼저 말씀과 기도로 하나님의 뜻을 잘 분별하게 하시고, 하나님의 뜻을 따라 삶의 방향을 맞춰나갈 수 있는 영적인 결단력을 허락하여 주소서. 아내가 자녀들에게 성공 지향적이고 세속적 가치관을 주입하는 것이 아니라, 하나님 나라의 건강한 성경적 가치관으로 양육하고 교육하게 하소서.

우선순위

삶의 우선순위를 분명히 하게 하소서

너희 중에 누가 망대를 세우고자 할진대 자기가 가진 것이 준공하기까지에 족할는지 먼저 앉아 그 비용을 계산하지 아니하겠느냐 눅 14:28

시간과 공간 안에 인간을 만드신 하나님! 저희에게 주어진 시간과 물질이 한정되어 있다는 것을 알게 하시고, 하나님의 뜻을 따라 지혜롭게 선용할 수 있게 하소서. 급한 일, 인기 있는 일, 즐거운 일보다는 소중한 일을 먼저 하게 하소서. 우선순위에 따라 계획을 세우고 평소에 중요한 일들을 꾸준히 함으로, 스트레스나 급한 일들이 줄어들고 안정적인 삶을 영위하게 하소서. 계획되지 않은 시간은 요구하는 사람에 의하여, 바쁜 일들에 의하여, 재미를 구하는 활동으로 허비된다는 것을 알고, 시간 계획을 잘 세워 시간의 마스터가 되게 하소서. 아내가 시간의 우선순위뿐 아니라 관계의 우선순위, 일의 우선순위, 물질의 우선순위도 잘 세워 자신을 잘 관리하게 하소서. 하나님을 제일로 하고, 가정을 우선시하며, 영적인 가치를 중시하는 삶을 살게 하소서. 삶의 우선순위를 분명히 정립하여 먼저 하나님의 나라와 의를 구하게 하시고, 하나님께서 구하지 않은 것까지 더하여 주시는 복을 받게 하소서.

아름다움

내면의 성품이 아름다운 아내가 되게 하소서

고운 것도 거짓되고 아름다운 것도 헛되나 오직 여호와를 경외하는 여자는 칭찬을 받을 것이라 잠 31:30

세상을 선하고 아름답게 만드신 하나님! 제게 마음씨 고운 아내를 주셔서 감사드립니다. 이 세상의 모든 것은 세월의 흐름을 따라 그 아름다움을 잃어갑니다. 그러나 사랑하는 제 아내는, 비록 겉모습은 세월의 무게를 따라 늙어 가더라도 속사람은 더욱 아름답고 향기로워지기를 원합니다. 아내가 있다가 없어질 육신적인 아름다움만을 좇는 사람이 아니라, 영원한 아름다움을 추구하는 신실한 여인이 되게 하소서. 외모를 지나치게 치장하지 않게 하시고 내면의 성품과 믿음을 가꾸게 하소서(벧전 3:3). 이러한 아내의 내면의 영적 아름다움을 발견하고 기뻐하며 칭찬하는 제가 되게 하시고, 부부 생활이 지속될수록 함께 성장하며 더 깊이 사랑하는 부부가 되게 하소서. 아내가 아름다운 성품을 가꾸기 위해 노력하는 삶을 살게 하시되, 먼저 하나님을 경외함으로, 하나님의 말씀을 실천하는 가운데 이루어지게 하소서. 진정한 아름다움을 알지 못하는 세상에서, 하나님의 아름다움을 보여 주는 향기로운 여인이 되게 하소서.

시험

시험을 능히 이기게 하소서

그러므로 너희가 이제 여러 가지 시험으로 말미암아 잠깐 근심하게 되지 않을 수 없으나 오히려 크게 기뻐하는도다 벧전 1:6

시험을 이길 수 있는 능력을 주시는 하나님! 때때로 저희 앞에 시험이 있으나, 그때마다 피할 길을 열어 주시고, 시험을 이길 수 있는 능력과 지혜를 주시니 감사드립니다. 사랑하는 아내가 이해할 수 없고, 인정하기 힘든 크고 작은 문제에 봉착하여 있습니다. 예수님께서 말씀으로 사탄의 시험을 이기셨던 것처럼, 아내에게 말씀을 주시고 지혜를 주셔서 모든 시험을 이길 수 있게 도와주소서. 시험이 억울하고 답답하지만 그것을 두려워하여 시험이 없는 편안하고 나태한 삶을 구하기보다는, 하나님을 의지하며 당당히 맞서서 더욱더 성장하는 아내가 되기를 원합니다. 곁에서 저도 아내에게 힘이 될 수 있게 하시고, 저희의 기도와 사랑으로 능히 승리할 수 있도록 도와주소서. 이런 일을 통하여 저희의 믿음이 더욱 성장하게 하시고, 서로를 향한 신뢰도 더욱 돈독해지게 하소서. 먼저 하나님을 의지하되 서로에게 든든한 버팀목이 되어 험한 세상을 잘 헤쳐 나가게 하소서. 더 나아가 시험당하는 사람들을 돕고 격려하는 삶을 살게 하소서.

시련

시련 가운데 주님의 위로와 소망을 보게 하소서

우리에게 여러 가지 심한 고난을 보이신 주께서 우리를 다시 살리시며 땅 깊은 곳에서 다시 이끌어 올리시리이다 나를 더욱 창대하게 하시고 돌이키사 나를 위로하소서 시 71:20–21

언제나 저희를 도우시고 보호하시는 하나님! 시련 앞에서도 좌절하지 않고, 하나님을 의지하며 감사함으로 간구하게 하심을 감사합니다. 세상을 바라볼 때에는, 그리고 종종 저희의 상황을 돌아볼 때에는 근심할 수밖에 없지만, 저희의 죄와 고통의 십자가를 짊어지시고, 부활하신 주님을 바라볼 때는 힘을 얻습니다. 세상에는 시련 때문에 서로를 원망하다가 가정이 깨어지는 일들이 많습니다. 그러나 하나님께서 짝지어 주신 저희는, 시련 가운데 오히려 사랑으로 하나 되게 하시고, 승리자이신 하나님을 바라보며 어려운 시기를 잘 이겨나가게 하소서. 형통한 날에는 기뻐하고 곤고한 날에는 되돌아보라고 하셨사오니(전 7:14), 스스로 살펴 잘못했던 것은 회개하고 새로운 각오로 나아가게 하소서. 시련을 통해 저희 가정이 하나님 앞에 더 견고하게 설 수 있도록 도와주소서. 시련에서 저희를 건지시고 위로하고 힘을 주셔서, 더욱 정금같이 나아와 창대한 삶을 살게 하소서. 시련을 이기는 능력은 오직 하나님께로부터 온다는 것을 믿사오니, 하나님만을 바라고 의지하는 저희가 되게 하소서.

실망

성령님께서 아내의 마음을 만져 주소서

이러므로 내가 해 아래에서 한 모든 수고에 대하여 내가 내 마음에 실망하였도다 전 2:20

위로자 되시는 성령 하나님! 보혜사 성령님께서 저희를 상담해 주시고 실망 가운데서도 소망을 주셔서 감사드립니다. 이 세상에 살면서 많은 정성과 시간을 들인 일들이 수포로 돌아가는 것을 종종 경험하며 마음에 상실감이 찾아옵니다. 때론 사랑하고 믿었던 사람의 배반으로 말미암아 크게 실망하는 경우도 있습니다. 그러한 상황을 저희가 초래한 것은 아니지만, 그 실망의 감정이 제 아내의 마음을 지배하지 않도록 성령님께서 아내의 마음을 만져 주시고 위로하여 주소서. 사람을 의지하고, 일에 대한 세상적인 대가를 기대하고, 성취한 일을 내세웠던 교만을 용서하여 주소서. 세상을 기대하면 종국에는 실망할 수밖에 없사오니, 저희가 온전하고 신실하신 하나님만을 바라보게 하소서. 험난한 인생길에서 실패와 좌절을 맛보게 되더라도, 실망 가운데 머물러 있는 것이 아니라, 빨리 떨치고 일어나 하나님의 오른손을 붙들게 하소서. 다시 회복시키시는 하나님의 사랑과 능력에 의지하여 기쁨으로 사명을 감당할 수 있도록 제 아내를 인도하여 주소서.

비판

서로를 판단하지 않게 하소서

그런즉 우리가 다시는 서로 비판하지 말고 도리어 부딪칠 것이나 거칠 것을 형제 앞에 두지 아니하도록 주의하라 롬 14:13

은혜와 긍휼을 베푸시는 하나님! 저희의 많은 허물에도 거듭 용서해 주시고 은혜를 베풀어 주셔서 감사드립니다. 제 부족함과 엉성한 기준으로 하나님이 주신 아내를 함부로 비판했던 것을 용서해 주소서. 저희가 서로의 부족한 점들을 지적하고 드러내고 판단하기보다 서로가 가진 좋은 면들을 보고 칭찬하고 격려하는 부부가 되기를 원합니다. 서로의 단점은 사랑으로 보듬고 감싸주고 보완하기를 원합니다. 옳고 그름을 따지기보다 먼저 사랑을 앞세우고 하나님의 은혜를 구하게 하소서. 저희가 자녀를 교육함에 있어서도 옳고 그름을 따지는 선악과가 아니라, 칭찬하고 사랑을 주는 생명나무가 되게 하소서. 가족들이 서로 비난하고 원망함으로 마음에 상처를 주거나 가정의 화목을 깨는 일이 없게 하소서. 가정 밖에서도 다른 사람이 잘못하는 것을 보면, 그들을 거울삼아 먼저 자신을 성찰하게 하시고, 그들을 먼저 이해하려고 노력하고 겸손한 마음으로 지혜롭게 권면하게 하소서.

> **다툼**

저희 가운데 다툼이 없게 하소서

지혜로운 자와 미련한 자가 다투면 지혜로운 자가 노하든지 웃든지 그 다툼은 그침이 없느니라 잠 29:9

화평케 하시는 하나님! 화평하게 하는 일에 저희를 사용해 주셔서 감사드립니다. 저희 가정이 먼저 화목하고 다툼과 분쟁이 없게 하소서. 저희가 말로는 서로를 사랑한다고 하면서도, 서로에게 상처를 주는 말이나 행동을 했음을 회개합니다. 가족이라는 이유로, 가깝다는 이유로, 이해해 줄 것이라고 믿고, 서로를 존중하지 못하고 함부로 대했던 것을 용서하여 주소서. 크고 작은 일상의 일들에 의견 차이로 인하여 다투게 되는 경우가 많은데, 서로의 생각이 다를 수 있지만 그렇다고 틀린 것이 아니라는 생각을 하게 하시고, 무엇보다 불화하지 않게 하소서. 설령 본의 아니게 상대의 마음을 상하게 했다면, 자신의 의로움이나 자존심을 앞세우기보다 사랑의 마음으로 먼저 용서를 구하게 하소서. 저희가 바라는 것이 서로의 행복임을 알고, 기쁘게 양보할 수 있는 마음을 주소서. 일상생활에서 다른 사람들과도 다툼이 없게 하시고, 다투기를 좋아하는 자들과는 멀리하게 하소서. 지혜로운 말과 경우에 합당한 행동으로 다툼을 피하게 하시고, 특별히 악한 자들과 싸울 일이 없도록 지켜 주소서.

`분노`

마음에 일어나는 분노를 다스려 주소서

노하기를 더디 하는 자는 용사보다 낫고 자기의 마음을 다스리는 자는 성을 빼앗는 자보다 나으니라 잠 16:32

풍랑을 잠잠케 하신 주님! 사람과 일 때문에 저희 마음이 혼란스럽고 분노가 치밀어 오릅니다. 저희 마음에 이는 분노를 잔잔케 하시고, 하늘의 평안을 내려 주소서. 세상은 편리함은 줄지 몰라도, 참된 평안은 오직 주님만이 주실 줄 믿습니다. 하나님이 주시는 평안은 폭풍우 가운데서도 모든 것을 믿고 맡기며 편안히 깊은 잠을 잘 수 있는 능력임을 믿습니다. 아내가 생활 가운데 부당한 일들과 무례한 사람들을 만나고, 그런 일과 사람에 대하여 화를 내는 것이 백번 마땅한 상황이라 하더라도, 마음을 다스릴 수 있는 평안을 내려 주소서. 저희의 죄를 오래 참으시되 독생자를 십자가에 내어 주실 정도로 참으신 하나님을 생각하며, 분노를 다스리게 하소서. 분노함으로는 하나님의 뜻을 이룰 수 없사오니, 억울함은 공의로운 심판자이신 하나님께 모두 맡기고, 대신 하나님께서 주시는 평안과 기쁨을 받아 누리게 하소서. 화를 잘 다스림으로 하나님께는 영광을 돌리고, 이웃에게는 덕을 끼치는 아내가 되게 하소서.

> 미움

사랑으로 모든 미움을 이기게 하소서

미움은 다툼을 일으켜도 사랑은 모든 허물을 가리느니라 잠 10:12

사랑과 자비의 근원되시는 하나님! 저희의 죄는 미워도 저희를 버리지 않으시고 용납하여 주심을 감사드립니다. 저희 가정에 어떤 경우라도 서로를 향한 미움의 싹이 자라지 않도록 도와주소서. 혹시라도 원치 않는 미움이 마음에 스쳐 지나가더라도, 그것이 마음에 쓴 뿌리를 내리지 않게 하소서. 저희는 성령님의 도우심이 없으면 쉽게 다른 사람을 미워하는 약한 존재이오니, 저희의 마음과 생각을 주님의 사랑으로 가득 채워 주소서. 하나님은 우리가 연약할 때, 죄인 되었을 때, 심지어 원수 되었을 때에도 사랑해 주셨습니다(롬 5:6-10). 미워하는 마음을 품고 사는 것은 상대방뿐 아니라 자신도 병들게 하는 것임을 알게 하소서. 아내가 저나 다른 사람의 잘못으로 인하여 미워하는 마음이 싹트지 않도록 아내의 모든 관계들 위에 성령님을 부어 주소서. 상대가 미워질 때는 먼저 그 사람의 형편이나 성격을 살피고 이해할 수 있는 넓은 마음을 주소서. 사랑은 허다한 죄를 덮는다고 하셨으니, 더욱 뜨겁게 사랑하게 하소서(벧전 4:8). 저희에게 다른 사람들의 약함과 부족함을 감싸 줄 수 있는 사랑의 은사를 내려 주소서.

용서

주님의 사랑으로 용서하게 하소서

서로 친절하게 하며 불쌍히 여기며 서로 용서하기를 하나님이 그리스도 안에서 너희를 용서하심과 같이 하라 엡 4:32

일흔 번에 일곱 번이라도 용서하라고 말씀하신 주님! 수없이 반복되는 저희의 죄와 허물을 언제나 용서해 주시는 은혜에 감사드립니다. 저희가 하나님께 죄를 용서받은 것처럼, 저희도 저희에게 죄를 지은 다른 사람들을 용서할 수 있게 하소서. 누군가를 용서하지 못하고, 미움이나 분노를 가슴에 품고 사는 사람은 몸도 마음도 영혼도 건강할 수 없음을 잘 알고 있습니다. 세상에서 사람들에게 당하는 일이 억울하지만, 용서하지 못함으로 인하여 그것이 마음에 쓴 뿌리가 되지 않게 하소서. 원수 갚음은 인간의 몫이 아니라 하나님께서 하는 것이라 하셨사오니, 모든 것을 주님께 맡기고 용서하게 하소서. 아내가 자신에게 잘못을 저지른 사람들에게 악으로 악을 갚는 것이 아니라, 선으로 악을 이기게 하소서. 성령님의 도우심을 받아 기쁜 마음으로 용서하게 하시고, 백 마디 말보다는 용서를 통하여 주님의 마음을 나타내게 하소서. 언제나 먼저 용서받은 죄인의 감격과 감사로, 다른 이들을 용서하고 포용하는 아내가 되게 하소서.

> 걱정

주님을 의지하고 기도함으로 걱정을 물리치게 하소서

하나님이 우리에게 주신 것은 두려워하는 마음이 아니요 오직 능력과 사랑과 절제하는 마음이니 딤후 1:7

두려워하지 말고 믿기만 하라고 말씀하신 주님! 수고하고 무거운 짐진 자들을 초청하시는 주님께 저희의 걱정과 근심, 그리고 두려움까지 모두 내려놓습니다. 기도하지 않으면 걱정이 들어오기 때문에, 걱정하는 대신 하나님께 기도합니다. 참새도 먹이시고 들꽃도 입히시는데, 하나님의 자녀인 저희를 어찌 하나님이 돌보시지 않겠습니까? 저희의 약한 믿음을 도와주소서. 십자가에서 죽으시고 부활하신 예수님을 의지할 때, 저희의 모든 두려움과 걱정이 사라지는 줄 믿습니다. 세상 사람들이 모두 두려움에 떨며 걱정에 잠겨 있을 때에도, 제 아내는 오히려 담대하게 나아가 사람들을 격려하고 그들을 위하여 기도하게 하소서. 세상 염려는 저희로 하여금 하나님이 아닌 사람과 세상의 힘을 의지하도록 유혹합니다. 아내가 염려하기보다는 기도하고, 세상 대신 하나님을 바라보게 하소서. 하나님만이 험악한 이 세상에서 참된 평안을 주심을 믿습니다. 주님의 강한 오른팔로 항상 아내를 붙잡아 주셔서, 세상 걱정 모두 넉넉히 이길 수 있도록 도와주소서.

염려

모든 염려를 주께 맡기게 하소서

너희 염려를 다 주께 맡기라 이는 그가 너희를 돌보심이라 벧전 5:7

때를 따라 저희의 모든 필요를 채워 주시는 하나님! 저희가 쓸데없는 염려로 마음고생을 하고 소중한 시간을 낭비하지 않도록 도와주소서. 염려함으로 저희의 키를 조금도 자라게 할 수 없음 같이, 저희가 아무 유익 없는 염려와 근심에 사로잡히지 않게 하소서. 무엇을 먹을까, 무엇을 입을까, 무엇을 마실까 염려할 시간에, 오히려 하나님 앞에 믿음으로 필요한 것을 구하게 하소서. 하나님이 항상 우리를 눈동자 같이 살피시고 돌보신다는 믿음을 잃지 않게 하소서. 우리의 생각이 세상을 향하면 염려지만, 우리의 생각이 하나님을 향하면 평안인 줄 믿습니다. 우리는 하나님의 사랑받는 자녀이며, 하나님 아버지께서는 저희의 일용할 모든 것을 예비하시고 인도하심을 믿습니다. 염려하는 자들은 이방인이거나 고아라고 하셨으니, 아내가 하나님의 귀한 딸로서 미래에 대한 믿음과 확신을 가지게 하소서. 과거에도 저희와 함께 하셨고, 현재도 함께 하시는 것처럼, 앞날에도 하나님이 함께 하시며 모든 것을 공급하실 줄로 믿습니다.

유혹

세상의 유혹으로부터 지켜 주소서

곧 지혜가 네 마음에 들어가며 지식이 네 영혼을 즐겁게 할 것이요 근신이 너를 지키며 명철이 너를 보호하여 악한 자의 길과 패역을 말하는 자에게서 건져 내리라 잠 2:10-12

유혹을 이길 수 있는 능력을 주시는 하나님! 저희가 알지 못하는 가운데서도 성령님의 인도하심으로 사탄의 유혹에서 저희를 지켜 주심을 감사드립니다. 저희는 연약하오니, 저희가 사탄과 세상으로부터 유혹을 당하지 않도록 지켜 주소서. 아내에게 세상의 헛된 유혹을 분별할 수 있는 명철을 주시고, 악한 자들의 꼬임과 술수에서 건져 주소서. 유혹이 올 때에도 단호하게 떨쳐 버릴 수 있는 용기를 주소서. 하나님만을 바라보고, 말씀만을 붙들고 살아가겠다고 매번 다짐하지만, 늘 세상의 여러 유혹과 정욕 앞에 노출되어 살아가는 저희를 불쌍히 여겨 주소서. 사랑하는 아내가 유혹을 당할 때에 연약한 자신의 힘과 지식을 의지하지 않게 하시고, 성령님께 도우심을 구하여 이기게 하소서. 육신이 약하기 때문에 시험에 들지 않도록 깨어 근신하여 기도함으로, 유혹에 빠지지 않게 하소서(막 14:38). 아내가 하나님의 말씀 위에 굳게 서서 승리하는 삶을 살게 하소서.

> 정욕

세상의 정욕을 피하게 하소서

이는 세상에 있는 모든 것이 육신의 정욕과 안목의 정욕과 이생의 자랑이니 다 아버지께로부터 온 것이 아니요 세상으로부터 온 것이라 요일 2:16

말씀으로 날마다 저희를 거룩하게 하시는 하나님! 하나님의 거룩한 형상을 따라 지음 받은 저희의 영과 혼과 육을 날마다 말씀으로 씻어 거룩하게 하소서. 세상에 살면서 때로는 저희의 약함으로 인하여, 육신의 정욕과 안목의 정욕과 이생의 자랑을 따를 때가 있었음을 회개합니다. 이런 악한 욕망이 틈을 탈 때마다, 저희를 만드신 창조주 하나님의 선한 뜻을 기억하게 하시고, 하나님의 뜻에 합당한 삶을 살아갈 수 있도록 도와주소서. 저희의 악한 정욕과 욕심은 현실 생활에 불평과 불만을 갖게 하고, 저희로 하여금 하나님과 세상 앞에 죄를 짓게 만들기 쉽습니다. 오늘날 세상은 더 많은 것을 원하라고, 더 많은 것을 누리라고, 더 많은 것을 소유하라고 외치지만, 저와 아내는 단순하고 성결한 삶을 살아가며, 주님 안에서 자족하는 법을 배우게 하소서. 더 많은 것을 탐내고 모으기보다는, 오히려 저희의 것을 이웃과 나누고 선용함으로 하나님을 기쁘시게 하는 자녀가 되게 하소서. 세상의 정욕을 피하고, 오직 성령님의 인도를 따라 살아감으로 육체의 욕심을 이기게 하소서(갈 5:16).

> **나태**

근면하고 부지런한 여인이 되게 하소서

또 그들은 게으름을 익혀 집집으로 돌아다니고 게으를 뿐 아니라 쓸데없는 말을 하며 일을 만들며 마땅히 아니할 말을 하나니 딤전 5:13

일하기 싫어하거든 먹지도 말라고 하신 주님! 저희를 늘 보살펴 주시고, 저희의 기도에 가장 좋은 것으로 응답하여 주셔서 감사드립니다. 세상의 일들에는 숨 돌릴 틈 없이 바쁘면서도, 하나님이 기뻐하시는 일들에는 핑계를 찾고 게으름을 피우며 살아가는 저희를 용서하여 주소서. 원컨대 저희가 영적으로 나태하지 않고, 항상 기도로 깨어 하나님의 뜻을 따라 행하게 하소서. 하나님의 말씀을 듣고, 읽고, 적용하는 일에 열심을 내게 하시고, 일상에서 착하고 충성스러운 청지기처럼 맡은 일을 성실하게 수행하게 하소서. 아내가 가정에서 해야 할 일과 자녀를 돌보는 일을 부지런히 하게 하소서. 한담이나 헛된 일로 시간과 물질을 허비하지 않고, 사람을 살리는 일, 영적인 일, 하나님께 영광을 돌리는 일에 힘쓰게 하소서. 주님의 손길이 필요한 이웃들을 섬기고 돕는 일에도 부지런하여 하늘의 상급을 많이 쌓게 하소서. 성실하신 주님을 본받아 매사에 성실한 삶을 살아 자녀와 주변 사람들에게 신실한 그리스도인의 모본이 되게 하소서.

중독

모든 종류의 중독을 끊게 하소서

진리를 알지니 진리가 너희를 자유롭게 하리라 요 8:32

자유인으로 저희를 부르신 하나님! 예수 그리스도의 대속과 부활을 통하여, 저희를 죄와 사망의 법으로부터 자유하게 해주셔서 감사드립니다. 그러나 저희에게 주신 자유를 온전히 누리지 못하고 연약함과 죄성 때문에 세상의 잘못된 습관과 악한 것들에게 종노릇한 것을 회개합니다. 간절히 기도하기는, 사랑하는 아내를 세상의 어떤 것도 얽매거나 주장하지 못하도록 지켜 주소서. 알코올, 담배, 도박, 게임, TV, 쇼핑 중독을 비롯한 이 세상에 만연한 중독성을 지닌 모든 것으로부터 아내를 보호해 주소서. 나약한 저희 인간들은 창조주이신 하나님께 의존하지 않으면, 자신도 모르는 사이에 이 세상의 헛된 것들에 의지하게 됩니다. 그런 잘못된 의존이 깊어지면, 그것들이 하나님의 자리를 대신하는 우상이 됨을 압니다. 아내가 하나님 한 분만을 의지함으로, 세상의 다른 어떤 것에도 얽매이지 않는 자유를 주소서. 또한 자유가 방종이 되지 않도록 절제의 힘을 주시고, 때로는 할 수 있지만 하지 않는 용기를 주소서. 하나님의 뜻과 어긋나는 것에 '아니오'라고 말할 수 있게 하소서.

> 상처

성령의 기름으로 상처를 치유하여 주소서

길르앗에는 유향이 있지 아니한가 그 곳에는 의사가 있지 아니한가 딸 내 백성이 치료를 받지 못함은 어찌 됨인고 렘 8:22

상한 것을 싸매시고 고쳐 주시는 하나님! 저희가 세상에서 상처 받고, 병들고 연약할 때, 저희를 만져 주시고 치유하여 주심을 감사드립니다. 아내의 내면 깊숙한 곳을 살피시사 남편인 저도 알지 못하는 상처가 있다면, 상처받은 치유자이신 예수님께서 그 아픔을 어루만져 주소서. 상처를 치유하시는 길르앗의 유향이 주님께 있사오니, 주님의 능력으로 온전히 치유하여 주소서. 세상일이나 사람들에게 받은 마음의 상처에 성령의 기름을 바르시고 치유하여 주소서. 모든 악한 말과 근거 없는 험담들이 다 소멸되게 하시고 아내의 상심한 마음을 고쳐 주소서(시 147:3). 위로부터 부으시는 성령님의 위로와 확신이 아내의 마음에 넘쳐나게 하소서. 아내가 상처에서 온전히 벗어나게 하시고, 나아가 상처를 준 사람을 용서할 수 있게 하소서. 과거의 모든 속박을 끊어 주시고, 주님 안에서 참 자유를 얻게 하소서. 육체의 상처가 아물면 새살이 돋아나듯, 아내가 치유 받은 경험을 토대로 다른 이들의 상처를 돌보고, 치유하는 사역자가 되게 하소서.

완악함

부드러운 마음을 주소서

그는 마음이 지혜로우시고 힘이 강하시니 그를 거슬러 스스로 완악하게 행하고도 형통할 자가 누구이랴 욥 9:4

마음이 완악한 자를 싫어하시는 하나님! 저희가 하나님의 음성을 들을 때에 마음을 부드럽게 하여 순종하게 하소서. 인생의 중요한 선택들 앞에서 하나님의 뜻보다는 저희의 경험과 지식을 앞세웠던 것을 회개합니다. 저희가 언제나 하나님께 먼저 묻고 하나님의 인도하심을 따라 살게 하소서. 예배를 드릴 때나 말씀을 읽고 기도하는 중에, 하나님의 음성을 들을 수 있는 영적인 귀를 열어 주시고, 하나님의 뜻을 분별한 다음에는 즉각적으로 순종하는 믿음을 주소서. 완악한 마음과 완고한 고집 때문에 망했던 바로나 어리석은 자들의 길을 따르지 않게 하소서. 완악한 자들의 마음은 길가와 같은 밭이라고 하셨사오니, 마음을 부드럽게 하여 옥토와 같은 마음의 밭을 가지게 하소서. 이렇게 아내가 하나님을 향해, 가족과 사람들에게 온유하고 아량이 많은 부드러운 마음을 품게 하소서. 아내의 이런 마음을 통하여 스스로도 많은 열매를 맺을 뿐 아니라, 자녀들이 감동을 받아 변화가 일어나게 하시고, 아내를 대하는 사람마다 마음이 움직이게 하소서.

회개

회개의 영을 부어 주소서

만일 우리가 우리 죄를 자백하면 그는 미쁘시고 의로우사 우리 죄를 사하시며 우리를 모든 불의에서 깨끗하게 하실 것이요 요일 1:9

회개하는 자를 외면하지 않으시는 하나님! 저희가 회개할 때에 용납하여 주시고 은혜를 베풀어 주심을 감사드립니다. 구원받은 하나님의 자녀로서 하나님의 뜻을 따라 성결한 삶을 살고자 늘 결단하고 노력하지만, 저희의 연약함 때문에 반복적으로 죄를 범하는 저희들을 불쌍히 여겨 주소서. 저희가 항상 성령 충만하여 죄의 유혹을 이기게 하소서. 그러나 만일 어떤 이유에서라도 죄를 범했다면, 성령님을 통하여 죄를 깨닫게 하시고, 즉시로 미쁘시고 의로우신 하나님께 나아가 죄를 자백하게 하소서. 예수 그리스도의 은혜로 하나님의 자녀가 되는 권세를 얻었으니, 예수님의 보혈을 의지하며 담대하게 하나님 앞에 나가 죄를 고백하게 하소서. 무엇보다 먼저 죄에 민감하게 하셔서, 죄를 죄로 여기지 않고 살아가는 이 악한 세대를 본받지 않게 하소서. 죄를 범하고도 변명하거나 하나님의 낯을 피했던 아담과 하와같이 행하지 않게 하시고, 하나님 앞에 나아가 눈물로 자복하고 용서받아 죄로부터 자유를 누리게 하소서. 하나님의 자녀된 특권과 구원의 기쁨을 한순간도 잃지 않도록, 회개의 영을 부어 주셔서 하나님과의 관계가 막힘이 없게 하소서.

3부
남편을 위한 아내의 기도문

"바로 지금 두 분은 사랑에 빠져 있고, 여러분의 사랑이
여러분의 결혼을 지탱해 줄 것이라고 믿고 있을 것입니다.
하지만 그렇지 않습니다. 오히려 여러분의 결혼이
여러분의 사랑을 지탱해 줄 것입니다."

디트리히 본회퍼

> 일

일을 통해 하나님께 영광을 돌리게 하소서

네가 자기의 일에 능숙한 사람을 보았느냐 이러한 사람은 왕 앞에 설 것이요 천한 자 앞에 서지 아니하리라 잠 22:29

사람을 통하여 창조의 역사를 써내려가시는 하나님! 남편에게 할 일을 주시고 성실하게 일을 잘 감당할 수 있는 능력을 주심을 감사드립니다. 남편이 밤낮 가리지 않고 노심초사 가족을 부양하기 위해 수고를 많이 하고 있습니다. 주어진 일을 즐겁게 감당하게 하시고, 감사하는 마음으로 할 수 있게 도와주소서. 남편이 일을 통해 보람을 찾고, 자신을 실현하며, 충분한 보상도 받는 신실한 일꾼이 되게 하소서. 또한 일을 통해 하나님이 주신 은사를 발견하고, 다른 사람들도 유익하게 하소서. 남편이 성공하고 승진할 때 자만하지 않고 자신의 능력이 하나님으로부터 나왔다는 고백을 드리는 겸손한 성취자가 되게 하소서. 무슨 일을 하든지 주님께 하듯 하여, 일을 통해 하나님을 섬기게 하시고, 주변에 선한 영향력을 미치고, 하나님의 영광을 드러내게 하소서. 일을 할 때 자신감을 가지고 하게 하시고, 동료나 상사에게 인정을 받게 하소서. 남편이 하는 일에 탁월한 능력을 더하셔서 능숙하게 하시고, 이 일을 통하여 더욱 존귀한 자리로 나아가게 하소서.

> 말

긍정적이고 적극적인 말을 하게 하소서

네가 말이 조급한 사람을 보느냐 그보다 미련한 자에게 오히려 희망이 있느니라 잠 29:20

때에 적합한 말을 주시는 하나님! 믿음직한 남편을 가정의 머리로 세워 주심을 감사드립니다. 남편의 말은 힘이 있고 영향력이 크오니, 남편에게 온순한 혀를 주사 가정을 세우는 말을 하게 하소서. 생명의 말, 긍정의 말, 칭찬의 말, 격려의 말, 배려의 말, 용납의 말, 감사의 말, 사랑의 말들이 남편의 입술에서 떠나지 않게 하소서. 온 가족이 남편의 말의 열매를 먹게 되오니, 남편의 입에서 생명을 거스르는 거친 말들을 제하여 주소서. 생각하지 않고 급하게 말하지 않게 하시고, 분노를 험한 말로 나타내어 사람들에게 상처를 주지 않게 하소서. 가정에서는 아내를 세워 주고 자녀들을 칭찬하는 귀한 말을 하게 하시고, 일터에서는 상사와 동료, 그리고 부하 직원들에게 힘을 주고 덕을 세우는 말을 하게 하소서. 남편의 입술에서 나오는 말들이 영혼을 살리는 말이 되고, 생명을 풍성하게 하는 긍정적인 말이 되게 하소서. 남편의 좋은 언어 습관을 통하여 모든 사람에게 존경을 받게 하시고, 말에 실수가 없는 온전한 사람이 되게 하소서.

> 인생길

행하는 길이 형통하게 하소서

너는 마음을 다하여 여호와를 신뢰하고 네 명철을 의지하지 말라 너는 범사에 그를 인정하라 그리하면 네 길을 지도하시리라 잠 3:5-6

저희의 인생 여정을 인도하시는 하나님! 저희를 지금까지 복되고 형통한 길로 인도하여 주심을 감사드립니다. 광야에서 이스라엘을 구름 기둥과 불기둥으로 인도하신 것처럼 저희의 인생길을 인도하여 주소서. 예수님이 '내가 길'이라고 하셨사오니, 주님 안에서 저희가 바른 길을 찾게 하소서. 남편이 인생의 수많은 선택의 기로에서 하나님의 뜻을 분별하여 바른 길을 선택할 수 있도록 지혜를 주소서. 남편이 자신의 명철만 의지하지 않고, 모든 일에서 먼저 하나님을 인정하고 하나님의 지도를 받아들이게 하소서. 저희 가정의 리더인 남편이 바른 판단력과 책임감을 가지고 생명의 길, 의의 길, 하나님이 기뻐하시는 길, 하나님의 뜻을 이룰 수 있는 길로 나아가게 하소서. 남편이 가는 길에 동행하여 주시고 어렵고 외로울 때 힘이 되어 주소서. 행여 잘못된 길로 들어섰다면 즉시 깨닫고, 돌이킬 수 있는 용기와 결단도 허락하소서. 너무 쉬운 길, 남들이 다 가는 넓은 길, 패역한 길은 기웃거리지도 말고, 들어가지도 않도록 성령님, 늘 제 남편을 붙들어 주소서.

성

부부간의 아름다운 성적 만남을 이루게 하소서

하나님의 뜻은 이것이니 너희의 거룩함이라 곧 음란을 버리고 살전 4:3

아름다운 성을 선물로 주신 하나님! 성을 통하여 한 몸을 이루게 하시고, 더욱 친밀하게 하시며, 거룩한 자손을 허락해 주셔서 감사드립니다. 남편이 결혼관계 안에서의 성적 만남을 귀하게 여기게 하소서. 부부간의 성적 만남에서도 이기적이지 않게 하시고, 서로를 배려하는 이타적인 사랑을 실천하게 하소서. 배우자를 위하여 자신의 순결을 지키며, 상대를 신뢰하고 존중하면서 사랑을 표현하는 도구가 되게 하소서. 세상은 하나님이 주신 아름다운 선물을 타락시키고 추한 것으로 만들고 있습니다. 남편이 하나님을 모르는 사람들의 풍조를 따르지 않게 하소서. 세상의 유혹이 남편에게 다가올 때, 요셉처럼 지혜롭게 피하여 성적인 죄를 범치 않게 하소서. 남편이 보는 것과 듣는 것을 조심하게 하시고, 죄를 지을 가능성이 있는 곳은 미리 피하게 하소서. 마음까지 헤아리시는 하나님께서 늘 성령으로 충만하게 하사 마음으로도 죄를 짓지 않게 하소서. 남편이 몸과 마음과 영혼을 다하여 하나님을 섬기듯이, 몸과 마음과 영혼을 다하여 저를 사랑하게 하소서. 아내의 영혼육을 온전히 사랑하는 자가 되게 하소서.

> 건강

영혼육 모두 강건하게 하소서

이르되 큰 은총을 받은 사람이여 두려워하지 말라 평안하라 강건하라 강건하라 그가 이같이 내게 말하매 내가 곧 힘이 나서 이르되 내 주께서 나를 강건하게 하셨사오니 말씀하옵소서 단 10:19

영혼육의 강건함을 주시는 하나님! 남편에게 건강한 육체와 아름다운 마음, 그리고 맑은 영혼을 주셔서 감사드립니다. 하나님을 앙망하는 자는 독수리가 날개 치며 올라감과 같다고 하셨사오니, 남편이 하나님을 주목함으로 힘을 얻고 달려가도 피곤치 않게 하소서. 연수가 더해져도 신체 기능이 약화되지 않도록 지켜 주시고, 몸 안에 생명력과 활력이 날마다 넘치게 하소서. 육체는 세월을 따르더라도 마음은 항상 젊고 건강하게 유지되게 하소서. 거칠고 혼탁하고 혼미한 세상에서 남편의 영혼과 정신이 흔들리거나 병들지 않게 하시고, 그때마다 남편이 "나의 힘이 되신 여호와"를 크게 외치며 담대히 맞서 이기게 하소서. 소중한 자신을 잘 관리하게 하시고, 다니엘처럼 하나님께 큰 은혜를 입어 평안하게 하시며, 믿음의 힘으로 용기 있게 모든 세파를 이기게 하소서. 남편의 영혼이 잘됨과 같이 육신도 건강하고 범사가 형통하게 하소서. 남편이 영력, 지력, 심력, 체력을 골고루 갖춘 강건한 사람이 되게 하소서.

안전

하나님의 손 아래서 안전하게 하소서

그들이 그들의 손으로 너를 붙들어 발이 돌에 부딪히지 아니하게 하리로다
시 91:12

저희의 안전을 보장해 주시는 하나님! 저희의 피난처와 방패와 산성이 되어 주셔서 감사드립니다. 남편이 먼저 하나님과의 관계가 바로 정립되어 하나님 안에서 안전을 누리며 살게 하소서. 저희는 육신을 지닌 불완전한 인간이기에 언제 어떤 위험을 만날지 알 수 없습니다. 오직 하나님만 의지하오니 저희의 안전을 보장하여 주소서. 사건과 사고가 일상이 된 현대인의 삶 속에서 하나님의 보호하심을 바라며 날마다 나아갑니다. 남편의 목자가 되시는 하나님, 하나님의 지팡이로 인도해 주시고, 하나님의 막대기로 막아 주셔서, 남편이 늘 하나님의 선하심과 인자하심을 맛보며 살게 하소서. 일터에서 일을 할 때, 변화무쌍한 정치와 경제 상황, 함께 일하는 사람과 경쟁자와의 관계, 업무와 사업의 결과도 모두 하나님께 맡기오니, 하나님이 도우셔서 평안한 가운데 기쁨으로 행할 수 있게 하소서. 남편이 일터에서 공격을 받을 때도 실족하거나 상심하지 않게 하시고, 가족을 부양하기 위해 치러야 할 많은 어려움으로부터 보호해 주소서. 남편을 돕는 자들을 축복하여 주시고, 대적하는 자들을 대적하여 주소서.

> 평안

어떠한 상황에서도 평안하게 하소서

주께서 심지가 견고한 자를 평강하고 평강하도록 지키시리니 이는 그가 주를 신뢰함이니이다 사 26:3

세상이 줄 수 없는 평안을 주시는 하나님! 주님 안에 사는 평안을 주셔서 감사드립니다. 삶의 과정에서 휘몰아치는 물질 문제, 인간관계의 문제, 상황의 변화가 남편에게 주신 하나님의 평안을 빼앗아 가지 않도록 지켜 주소서. 남편에게 있는 평안은 세상의 재물과 지위가 준 것이 아니기에, 세상 어느 누구도 빼앗을 수 없음을 선포합니다. 남편이 하나님이 주신 평안의 신을 신고 나아가 세상에서 담대히 승리하게 하소서. 행여 어려움에 봉착하더라도 평안의 복음으로 남편을 격려하여 주시고, 남편이 약속의 말씀을 붙들고 기뻐하며 감사하게 하소서. 시련과 문제 앞에서도 남편이 기도로 "평안하라! 잠잠하라!" 명하면서 평안을 주장하게 하소서. 남편의 내면의 평안이 밖으로도 흘러나와 그가 하는 일과 만나는 사람들에게 영향을 미치게 하시고, 어느 곳에서나 평안을 주는 사람이 되게 하소서. 남편의 평안한 성품이 온화한 미소로 나타나고, 사랑으로 나타나며 여유로운 삶으로 나타나게 하소서.

마음

새 마음을 주소서

또 새 영을 너희 속에 두고 새 마음을 너희에게 주되 너희 육신에서 굳은 마음을 제거하고 부드러운 마음을 줄 것이며 겔 36:26

성령으로 마음을 새롭게 하시는 하나님! 예수님을 믿는 저희에게 새 마음을 창조해 주셔서 감사드립니다. 제 남편의 마음이 늘 마음을 감찰하시는 하나님을 향하게 하소서. 마음의 동기를 보시는 하나님 앞에서 무슨 일을 하든지 순전한 마음으로 행하게 하소서. 두 마음을 품거나 거짓된 마음을 가지고 위선적으로 행동하지 않게 하시고, 마음을 완악하게 하여 하나님께 반항하거나 사람들에게 악을 행하지 않게 하소서. 사탄은 교만한 마음을 집어넣어 자기의 의를 드러내게 하고, 자신을 의지하게 하려는 술수를 부리지만, 남편은 이런 유혹에 넘어가지 않도록 지켜 주소서. 오직 한마음으로 주님을 섬기고, 순수한 동기를 가지고 사람을 대하며, 마음과 정성을 다하여 일을 감당하게 하소서. 강하면서도 부드러운 마음으로 리더십을 발휘하게 하시고 사려 깊은 마음의 소유자가 되게 하소서. 영원을 사모하는 마음을 주시고, 성령 충만하여 그리스도의 성품에 이르기까지 성장하게 하소서.

> **성품**

성령님의 충만이 성품으로 나타나게 하소서

이로써 그 보배롭고 지극히 큰 약속을 우리에게 주사 이 약속으로 말미암아 너희가 정욕 때문에 세상에서 썩어질 것을 피하여 신성한 성품에 참여하는 자가 되게 하려 하셨느니라 벧후 1:4

신성한 성품에 참여하는 자가 되게 하시는 하나님! 저희에게 성령을 충만하게 부어주셔서 성령의 열매를 맺게 하심을 감사드립니다. 좋은 나무가 좋은 열매를 맺고 나쁜 나무는 나쁜 열매를 맺는다고 하셨사오니, 남편이 성령의 사람이 되어 아름다운 열매를 풍성히 맺게 하소서. 남편이 믿음의 선진들의 좋은 성품을 본받되, 아브라함의 순종, 이삭의 온유, 야곱의 끈기를 닮게 하소서. 망령되고 탐욕스런 에서, 욕정과 무절제에 빠진 삼손, 어리석고 교만한 나발 같은 사람을 반면교사로 삼을 뿐 아니라, 그러한 사람들과 사귀지도 말게 하소서. 여호수아와 갈렙처럼 긍정의 마음을 지니고, 보아스처럼 사려가 깊으며, 요나단처럼 신의를 지키고, 다니엘처럼 결단력이 있는 사람이 되게 하소서. 남편이 성품 좋은 사람으로 하나님과 사람에게 인정을 받고, 그의 인격에 대한 아름다운 칭찬의 말들이 끊이지 않게 하소서. 성령의 열매인 사랑과 희락, 화평과 오래 참음, 자비와 양선, 충성과 온유, 절제가 남편의 성품에 온전히 나타나게 하소서.

습관

거룩한 습관을 기르게 하소서

다니엘이 이 조서에 왕의 도장이 찍힌 것을 알고도 자기 집에 돌아가서는 윗방에 올라가 예루살렘으로 향한 창문을 열고 전에 하던 대로 하루 세 번씩 무릎을 꿇고 기도하며 그의 하나님께 감사하였더라 단 6:10

거룩한 습관을 통하여 경건한 사람을 만드시는 하나님! 남편에게 있는 좋은 습관들로 인해 하나님께 감사드립니다. 남편이 지금까지의 좋은 습관 위에 자신의 인생을 바꿀 수 있는 새롭고 거룩한 습관을 기르게 하소서. 한 번의 결심이나 은혜의 경험만으로는 지속적인 변화를 가져올 수 없고, 결국은 습관의 관성에 의해 끌려가는 것을 많이 보았습니다. 습관의 힘은 크오니, 고쳐야 할 습관은 하루 속히 고쳐 나가는 용기를 주시고, 습득해야 할 좋은 습관은 계획을 세우고 반복함으로 몸에 익숙하게 하소서. 말씀과 기도를 중요시하는 영적인 습관을 갖게 하시고, 소중한 것을 먼저 하는 주도적인 사람이 되게 하소서. 자기 발전을 위해 꾸준히 노력하는 습관, 규칙적인 운동을 통해서 건강한 남편이 되게 하소서. 자기에게 해가 되는 술, 담배, 도박, 게임은 끊고, 인터넷이나 전자기기는 적절하게 활용하는 지혜를 주소서. 남편이 성공하는 사람들이 가지고 있는 좋은 습관을 자신의 것으로 삼아, 주변 사람에게 좋은 영향을 미치게 하소서.

> 우정

참된 우정을 나눌 친구를 주소서

마음의 정결을 사모하는 자의 입술에는 덕이 있으므로 임금이 그의 친구가 되느니라 잠 22:11

저희를 친구라 불러 주시는 주님! 저희의 죄를 대신 담당하여 주신 좋으신 친구, 예수님께 감사드립니다. 남편이 이 세상을 살아가면서 진정으로 마음을 터놓고 이야기할 수 있는 친구를 만나게 하시고, 또 자신도 그런 친구가 될 수 있게 하소서. 기쁠 때 함께 기뻐해 주고, 슬플 때 함께 울어 주고, 힘들 때 서로 격려해 주고, 어려울 때 도와주는 친구를 갖게 하소서. 다윗과 요나단처럼, 다니엘과 세 친구처럼, 바울과 실라처럼, 인생의 힘든 순간에 서로에게 선한 영향력을 미치며 힘과 용기를 북돋아 주고, 함께 동역할 수 있는 친구를 주소서. 세상의 허망함을 좇는 친구를 분별할 수 있는 지혜를 주시고, 행여 그런 친구들에게 물들지 않도록 지켜 주소서. 하나님을 두려워하지 않는 오만하고 악한 자들의 자리에 가지 않도록 남편을 지켜 주소서. 남편의 아름다운 성품과 선한 행실로, 주변에 좋은 사람들이 모이게 하시고, 그들과 좋은 관계를 맺어 가면서 우정이 깊어지게 하시고, 존귀한 자리에 이르게 하소서.

> 사랑

이타적인 사랑을 실천하게 하소서

모든 것을 참으며 모든 것을 믿으며 모든 것을 바라며 모든 것을 견디느니라
고전 13:7

사랑의 원천이신 하나님! 하나님이 저희에게 사랑을 부어 주셔서, 그 사랑으로 서로를 사랑할 수 있게 해 주셔서 감사드립니다. 하나님의 아가페 사랑이 남편의 온몸에 충만하게 해 주소서. 그래서 그 사랑이 생각이나 말, 행동에서 구체적으로 표현되게 하소서. 주님이 교회를 사랑하심같이 남편이 저와 자녀들을 사랑하게 하소서. 미움, 악의, 시기, 질투, 교만, 분노와 같은 육체적인 본성이 남편에게서 나오려 할 때, 아가페 사랑으로 이를 넉넉히 누르고 이기게 하소서. 인간은 서로 사랑한다고 말하면서도, 하나님이 주신 온전한 사랑과는 거리가 먼 이기적인 사랑을 할 때가 많습니다. 그러나 예수님이 십자가에서 보여 주신 온전한 사랑으로 남편을 이끌어 주셔서, 모든 것을 참고, 믿고, 바라고, 견디는 사랑을 실천하게 하소서. 이타적인 사랑으로 행하는 남편의 삶을 통해 저와 자녀들, 친구와 동료들에게 아름다운 사랑이 흘러가게 하소서. 하나님의 사랑의 깊이와 높이와 넓이와 길이가 남편을 통해 전달됨으로써, 사랑의 영역을 넓혀가는 큰 인물이 되게 하소서.

순종

순종의 본을 보이게 하소서

만일 그들이 순종하여 섬기면 형통한 날을 보내며 즐거운 해를 지낼 것이요
욥 36:11

순종을 제사보다 귀하게 여기시는 하나님! 저희가 하나님의 말씀과 성령님의 인도하심에 순종하는 삶을 살게 하심을 감사드립니다. 진정한 순종은 자발적으로, 또한 기쁜 마음으로 자신을 드리는 것임을 믿습니다. 교회가 그리스도에게 순종하듯 저도 남편에게 순종하겠습니다. 남편도 먼저 마음과 몸과 영혼을 바쳐 하나님께 전적으로 순종하는 그리스도인이 되게 하소서. 결혼관계에서 남편은 아내를 사랑하고, 아내는 남편에게 순종하라고 하셨습니다. 아내가 남편에게 사랑하라고 강요할 수 없듯이 남편도 아내에게 순종하라고 강요할 수 없습니다. 스스로 기쁜 마음으로 자신에게 주어진 주의 명령을 따라 하겠습니다. 그리스도께서 교회를 사랑하시는 것처럼 남편이 저를 사랑하게 하시고, 저도 남편에게 전심으로 순종하게 하소서. 이것이 일방적인 것이 아니라 상호성을 지니도록 하소서. 남편에 대한 아내의 순종은, 남편이 아내에게 베푸는 사랑에 비례할 것입니다. 그리스도께서도 죽기까지 순종하시는 본을 보이신 것처럼, 순종을 강요하는 것이 아닌 피차 순종하고자 하는 넓은 마음을 갖게 하소서.

> 축복

믿음의 조상들이 받은 복을 받게 하소서

이르시되 내가 반드시 너에게 복 주고 복 주며 너를 번성하게 하고 번성하게 하리라 하셨더니 히 6:14

복의 근원이시며 복 주기를 기뻐하시는 하나님! 저희가 하나님의 자녀가 되어 하늘의 복을 이 땅에서 누리게 하심을 감사합니다. 남편이 하늘의 신령한 복과 이 땅의 기름진 복을 받게 하소서. 아브라함, 이삭, 야곱, 요셉이 누렸던 복처럼, 땅에서 잘되고 번성하고 창대하고 왕성한 복을 받게 하소서. 먼저 하나님과의 관계가 형통하여 영혼이 잘 되는 복을 받게 하시고, 자녀들이 믿음의 명문 가문을 이루게 하시며, 몸도 마음도 평안한 복을 받게 하소서. 남편이 가는 곳마다 복이 임하여 사람들이 남편을 복 있는 사람이라고 부르게 하시고, 남편을 대적하는 사람이 없이 모두 그와 친하게 지내며 좋은 관계를 맺게 하소서. 남편이 하는 일마다 복을 내리셔서 좋은 아이디어를 주시고 귀한 사람을 만나게 하시며 좋은 길이 열리게 하셔서, 하나님께 영광을 돌리며 많은 사람들에게 복을 나누어 주는 사람이 되게 하소서. 남편이 복을 빌어주는 사람도 복을 받게 하셔서, 그들의 삶이 형통하게 하시고 하나님을 알게 하소서.

믿음

산을 옮길 만한 믿음을 주소서

복음에는 하나님의 의가 나타나서 믿음으로 믿음에 이르게 하나니 기록된 바 오직 의인은 믿음으로 말미암아 살리라 함과 같으니라 롬 1:17

믿는 자를 구원하시는 하나님! 의롭지 못한 저희들을 예수 그리스도를 믿는 믿음으로 의롭다 하시고 구원해 주신 은혜에 감사드립니다. 오직 믿음으로, 오직 은혜로 구원 받은 저희들이 믿음을 생활화하여 하나님의 자녀로서 합당한 삶을 살게 하소서. 저희 안에 있는 겨자씨만한 믿음이 산을 옮길 만한 장성한 믿음으로 성장할 수 있도록 저희를 도와주소서. 이를 위해 남편이 날마다 말씀에 귀를 기울여 주신 말씀에 순종하고, 매사에 기도를 앞세우며 성령님의 인도하심을 따르는 믿음의 사람이 되게 하소서. 일상에서도 남편이 믿음으로 생각하고, 믿음으로 말하고, 믿음으로 행동하는 믿음의 사람이 되게 하소서. 믿는 자에게는 능치 못한 일이 없는 줄 믿사오니, 남편에게 믿음의 은사를 주셔서, 무슨 일을 하든지 하나님이 확신을 주시는 대로 담대하게 선포하며 믿음으로 나아가 승리를 얻게 하소서. 믿음의 전당에 이름을 올린 하나님의 사람들처럼 믿음의 역사로 기억되는 남편이 되게 하소서.

소망

소망의 닻을 하나님께 내리게 하소서

여호와의 말씀이니라 너희를 향한 나의 생각을 내가 아나니 평안이요 재앙이 아니니라 너희에게 미래와 희망을 주는 것이니라 렘 29:11

저희의 영원한 소망이 되신 하나님! 저희가 하나님 나라를 소망하며 은혜 가운데 살게 하심을 감사드립니다. 저희가 가진 소망이 부끄럽지 않은 것은 성령님이 보증하시는 참된 소망이요, 하나님의 사랑에 근거한 것이기 때문입니다(롬 5:5). 저희를 향한 하나님의 생각은 평안과 희망이라는 것을 믿습니다. 저희의 소망의 이유가 되시는 하나님, 남편을 향한 하나님의 생각이 장래의 소망이라고 확실하게 말씀하여 주셔서 감사드립니다. 남편이 힘들고 막막한 여건 가운데 있더라도, 하나님께 소망을 두고 미래를 계획하게 하소서. 다가올 미래를 걱정스럽게 바라보는 것이 아니라, 희망을 가지고 평안히 나아가게 하소서. 소망을 이루어 주신다는 하나님의 말씀에 귀를 기울이고 담대히 나아가게 하소서. 남편의 영안을 열어 주셔서 하나님이 부르시는 부름의 상을 위하여 희망의 푯대를 향하여 나아가게 하소서. 하나님을 소망하며 견고하고 튼튼한 영혼의 닻을 하나님께 내리고 항해하는 훌륭한 인생이 되게 하소서(히 6:19).

> 신뢰

하나님을 신뢰하므로 견고히 서게 하소서

이에 백성들이 아침에 일찍이 일어나서 드고아 들로 나가니라 나갈 때에 여호사밧이 서서 이르되 유다와 예루살렘 주민들아 내 말을 들을지어다 너희는 너희 하나님 여호와를 신뢰하라 그리하면 견고히 서리라 그의 선지자들을 신뢰하라 그리하면 형통하리라 하고 대하 20:20

저희 평생에 신뢰할 한 분이신 하나님! 하나님을 신뢰하는 저희에게 언제나 인자를 베풀어 주심을 감사드립니다(시 32:10). 남편이 하나님을 신뢰함으로써 자신에게 주어진 일들을 견고히 세울 수 있게 하시고, 하나님의 말씀과 말씀을 전하는 자들을 신뢰함으로 만사가 형통하게 하소서. 하나님이 은혜로 허락하신 아내와 자녀들을 신뢰하고 맡길 수 있는 믿음도 주소서. 특별히 자녀들을 항상 신뢰하는 든든한 아빠가 되게 하시고, 자녀들도 아빠의 신뢰를 먹고 훌륭한 인물로 성장하게 하소서. 남편도 하나님을 닮아 사람들에게 신뢰받을 수 있는 인격자가 되게 하시고, 가족 모두가 믿고 따르는 가장이 되게 하소서. 남편이 남을 믿지 못하고 오해하여 인간관계에 문제를 초래하지 않게 하시고, 이런 불신이 어릴 때 유기된 경험이나 상처 때문이라면 치유하여 주소서. 사람은 믿음의 대상이 아니라 사랑의 대상이지만, 그래도 신뢰할 만한 좋은 사람들을 남편에게 붙여 주시고, 그들이 남편의 신뢰를 배신하지 않도록 도와주소서.

격려

칭찬과 격려를 아끼지 않게 하소서

또 형제들아 너희를 권면하노니 게으른 자들을 권계하며 마음이 약한 자들을 격려하고 힘이 없는 자들을 붙들어 주며 모든 사람에게 오래 참으라
살전 5:14

저희를 늘 격려해 주시는 하나님! 성령님을 통하여 저희가 힘들 때 위로해 주시고, 잘할 때 격려해 주심을 감사드립니다. 남편도 격려의 말을 아끼지 않고 격려하는 지도자가 되길 원합니다. 저도 남편에게 격려 받고 자녀들도 아빠에게 칭찬과 격려를 받아 자신들을 귀하게 여기고 장점을 잘 개발할 수 있기를 원합니다. 때때로 가족이 잘못할 때는 남편이 권면도 하고 나무라기도 하겠지만, 그보다는 세워 주는 말, 북돋아 주는 말을 더욱 많이 하게 하소서. 가정에서뿐 아니라 남편이 어느 곳에 가든지 칭찬과 격려를 아끼지 않는 사람이 되게 하소서. 격려를 할 때도 구체적으로 진심을 담아 따뜻하고 아름다운 말로 잘 표현하게 하소서. 남편이 먼저 저와 자녀들로부터 존경과 칭찬을 받게 하시고, 직장 동료나 거래하는 사람들에게도 인정을 받게 하소서. 인정과 격려를 받는 남편이 그의 사랑의 그릇에 행복한 감정이 넘쳐나서 능력이 극대화 되고 보람 있는 인생을 살게 하소서.

> 존중

무엇보다 가족을 귀하게 여기게 하소서

그러므로 무엇이든지 남에게 대접을 받고자 하는 대로 너희도 남을 대접하라 이것이 율법이요 선지자니라 마 7:12

인생의 황금률을 가르쳐 주신 하나님! 남에게 대접받고 싶고 존중받고 싶으면서도, 남을 대접하지도 존중하지도 않는 저희의 마음을 고쳐 주소서. 저희가 대접을 받고 싶은 대로 먼저 남을 대접하게 하소서. 하나님께 기도를 드릴 때도 먼저 하나님의 뜻을 따라 삶을 살면서 응답을 기대하게 하소서. 저도 남편을 존중하오니, 남편도 아내를 존중하는 남편, 자녀들을 존중하는 아빠가 되게 하소서. 남편이 먼저 저와 자녀들로부터 존경 받는 남편이요, 아빠가 되게 하소서. 가정에서 귀하게 여김을 받아야 밖에서도 남들에게 존중받는 사람이 되는 줄 믿사오니, 가정에서 서로 귀하게 여기고 존중하는 언행을 하게 하소서. 자녀들이 세상에서 제일 존경하는 사람이 바로 아빠가 되게 하소서. 자녀들이 육체뿐 아니라 성품과 삶의 태도가 아빠를 닮아 어디서든지 환영받고 존중받는 사람들이 되게 하소서. 남편이 일터에서 자신의 이익을 먼저 챙기거나 남을 무시하지 않게 하시고, 남을 배려하고 존중하는 여유와 관용의 마음을 갖게 하소서. 그래서 남편이 어디서든지 존경받게 하소서.

> 포용

포용하는 넓은 마음을 주소서

예수께서 이르시되 금하지 말라 너희를 반대하지 않는 자는 너희를 위하는 자니라 하시니라 눅 9:50

언제나 저희들을 받아주시는 하나님! 아무리 많은 실수와 잘못을 했어도 저희를 끝까지 용납해 주시고 포용해 주셔서 감사드립니다. 탕자가 집에 돌아올 수 있었던 것은 아버지의 넉넉한 마음과 아버지 집의 풍부함 때문이었습니다. 자녀들이 일생을 살면서 힘들 때, 혹여 길을 잘못 들었을 때, 누가 뭐래도 아빠는 용납하신다는 확신을 가지고 집에 돌아올 수 있게 하소서. 남편이 아버지의 넓은 가슴으로 저와 자녀들을 품을 수 있는 관용과 용납의 마음을 갖게 하소서. 남편에게 하나님의 사랑으로 포용하여 사람을 변화시키는 능력을 갖게 하소서. 사회생활을 할 때도 남편이 매사에 사람들과 사건에 신경을 곤두세우며 비난하고 배제하는 예민한 사람이 아니라, 실수와 잘못도 용서하고 용납할 수 있는 넓은 아량을 지니게 하소서. 하나님께서 저희를 넓은 품으로 감싸 주셨듯이, 남편도 저와 자녀들, 그리고 사람들을 받아 주는 바다 같은 마음을 주소서. 그러기 위해 먼저 자신이 하나님께 용서와 용납 받은 것을 기억하게 하시고, 받은 사랑을 인내와 온유와 겸손함으로 남에게 베풀게 하소서.

배려

세심하게 살피고 배려하는 마음을 주소서

보아스가 룻에게 이르되 내 딸아 들으라 이삭을 주우러 다른 밭으로 가지 말며 여기서 떠나지 말고 나의 소녀들과 함께 있으라 룻 2:8

저희를 구원하시기 위하여 이 땅에 예수님을 보내주신 하나님! 저희가 무엇이기에 이토록 귀하게 생각해 주시고, 이렇게 돌보아 주십니까? 만 입이 있어도 감사할 길이 없습니다(시 8:4). 보아스가 가난하고 불쌍한 룻을 배려하여 자기의 밭에서 이삭을 줍게 하고, 자기 일꾼들을 위한 물과 음식을 함께 먹을 수 있도록 살펴 주었던 것처럼 제 남편에게 그런 자상함이 있게 하소서. 남편이 연약한 저와 아직 어린 자녀들을 세심하게 살펴주고 배려하는 아름다운 성품을 갖게 하소서. 저희는 태생적으로 이기적이고 남보다 자기를 먼저 생각합니다. 그러나 하나님의 자녀로 거듭난 저희는 하나님의 성품에 참여하여, 순전한 믿음과 마음으로 나보다 남을 낫게 여기고 배려하는 이타적인 삶을 살게 하소서. 순수한 마음에서 나오는 사려 깊은 배려와 자발적으로 돕는 행동을 통하여 하나님의 사랑을 실천하게 하소서. 이러한 남편을 통하여 보아스처럼 인생이 풍요롭고, 즐거움이 넘치고, 자손들이 위대한 사람이 되는 복을 받게 하소서.

공감

어려운 자들의 처지를 공감할 수 있는 능력을 주소서

마지막으로 말하노니 너희가 다 마음을 같이하여 동정하며 형제를 사랑하며 불쌍히 여기며 겸손하며 벧전 3:8

기뻐하는 자와 함께 기뻐하고 슬퍼하는 자들과 함께 울라고 하신 주님! 저희의 불쌍한 처지를 긍휼이 여기셔서 저희와 같은 모습으로 오시고, 저희의 죄와 질병, 슬픔을 대신 감당하여 주셔서 감사드립니다. 가나 혼인 잔치에서는 기쁨을 배가 시켜 주시고, 먹을 것이 없어 지친 군중은 배불리 먹이시고, 병들고 장애를 가지고 사는 사람들과 죽은 자의 슬픔을 돌아보시고 치유하시고 살리신 예수님의 공감의 사역에 감사드립니다. 남편도 약한 자, 억눌린 자, 병든 자, 가진 것이 없는 자들의 아픔을 이해하고 불쌍히 여기는 마음을 갖게 하소서. 남편에게 공감 능력을 주셔서, 그들의 마음의 소리를 귀담아들을 수 있게 하시고, 그들과 함께 아파하고, 함께 울어 주면서 도움을 베푸는 사람이 되게 하소서. 하나님의 마음이 남편의 공감의 언어와 행동으로 나타나서, 주변 사람들이 남편의 행동이나 말을 통해 큰 위로와 격려를 받게 하소서. 누가 주의 마음을 알아 가르치겠습니까? 세상을 향한 하나님의 마음을 공감하는 능력을 주소서.

소통

소유만 하지 말고 소통하게 하소서

무릇 더러운 말은 너희 입 밖에도 내지 말고 오직 덕을 세우는 데 소용되는 대로 선한 말을 하여 듣는 자들에게 은혜를 끼치게 하라 엡 4:29

성령강림절에 의사소통의 기적을 일으키신 하나님! 인간의 교만 때문에 하나님과의 관계가 단절되고, 서로 간에도 언어의 장벽이 생겨 같은 말을 해도 통하지 않는 불통의 역사를 만들어냈던 바벨탑을 기억합니다. 위로부터 임하시는 오순절의 성령님께서 저희에게 임하시어 잘 말하고 잘 알아듣게 하시고, 함께 있으면서 서로 공유하고 나누는 은혜의 선순환이 이루어지게 하소서. 먼저 하나님과 막힌 것이 없이 잘 소통되게 하시고, 남편과 저, 남편과 자녀들간에 아무런 장애물이 없게 하소서. 마음을 나누는 소통뿐 아니라, 물질이나 지식, 정보도 서로 원활하게 소통하게 하소서. 또한 그러한 과정을 통하여 많은 부산물을 거두게 하소서. 하나님이 주신 재물도 소유만 할 것이 아니라, 하나님의 영광과 사람들의 유익을 위하여 부지런히 소통함으로 모두의 필요를 채우고도 많은 것을 남기게 하소서. 소통하지 않으면 고통이 따른다는 말이 있지만, 남편은 넉넉한 마음으로 재물과 지식, 정보 등 주어진 것들을 이웃과 부단히 소통함으로 형통하고 더욱 부요해지는 삶을 살게 하소서.

> 경청

분별력 있게 잘 알아듣게 하소서

누가 주의 이 많은 백성을 재판할 수 있사오리이까 듣는 마음을 종에게 주사 주의 백성을 재판하여 선악을 분별하게 하옵소서 왕상 3:9

저희의 기도에 좋은 것으로 응답하시는 하나님! 하나님은 저희의 말뿐 아니라 마음까지도 살피시고, 저희가 알지 못하는 것까지도 아시고 응답하심을 감사드립니다. 믿음은 들음에서 나고 들음은 하나님의 말씀이라 하셨사오니, 하나님의 음성을 잘 알아듣고 분별하는 마음을 주소서. 저와의 대화에서도 남편이 제 마음을 헤아려 깊은 내면의 소리까지 경청하게 하시고, 자녀들과의 대화에서도 자녀의 눈높이에 맞춰 그들의 말에 경청하는 자세를 주소서. 그래서 가족간에 대화가 더욱 깊어지고, 다양해지고, 풍성해지게 하소서. 언어적인 표현뿐만 아니라, 비언어적인 표현까지도 읽어낼 줄 하는 경청의 자세가 남편의 몸에 배이게 하소서. 남편이 저와 자녀들의 말을 들을 때에도 집중하여 잘 듣고 정확하게 들어 지혜롭게 조언하도록 하소서. 그래서 가족 모두가 남편의 말에서 사랑과 평안을 느끼게 하소서. 남편이 다른 사람들의 말을 건성으로 듣거나 듣기 전에 판단하여 실수하지 않게 하시고, 남을 소중하게 여기는 태도가, 곧 경청하는 태도로 나타나게 하소서. 그래서 남편이 가는 곳마다 사랑과 평화가 넘쳐나게 하소서.

비전

남편을 향한 하나님의 비전을 이루어 주소서

묵시가 없으면 백성이 방자히 행하거니와 율법을 지키는 자는 복이 있느니라 잠 29:18

저희를 향한 원대한 꿈을 가지시고 부르시는 하나님! 남편을 향한 하나님의 꿈을 남편이 알고 그것을 자신의 꿈으로 품게 하소서. 사람들은 현실에 안주하거나 과거에 실패한 경험 때문에 더 이상 꿈을 꾸지 않습니다. 비전에 대한 대가를 지불하기 싫어서 회피하는 사람도 있지만, 남편은 하나님 안에서 항상 위대하고 거룩한 비전을 품게 하소서. 기대하고 기도하는 가운데 비전이 구체화되게 하시고, 비전에 도달할 수 있는 계획을 잘 세우게 하소서. 필요한 것들을 위한 장단기적 계획을 세울 때나 장애물을 극복하기 위해 또 다른 계획을 세울 때, 하나님께서 지혜를 주시고, 때를 따라 돕는 은혜로 그 계획이 잘 진행되게 하소서. 아무리 위대한 꿈이라도 작은 일 하나에서부터 시작됨을 잊지 않게 하시고, 지금 할 수 있는 일부터 믿음으로 시작하게 하소서. 비전을 위한 값을 기꺼이 지불하고 인내하면서 하나님의 때를 기다리게 하소서. 하나님이 주신 비전이 삶의 나침반이 되게 하사, 남편의 인생이 목적이 이끄는 삶이 되게 하소서.

> 지혜

하늘의 지혜를 주소서

너희 중에 누구든지 지혜가 부족하거든 모든 사람에게 후히 주시고 꾸짖지 아니하시는 하나님께 구하라 그리하면 주시리라 약 1:5

지혜의 원천이신 하나님! 하나님을 아는 것이 지혜의 근본이요 명철이라고 말씀해 주셔서 감사드립니다(잠 9:10). 세상 사람들은 학식과 경험이 많으면 지혜롭다고 하나, 그들은 하나님을 알지도 못하고 심지어 하나님의 존재 자체를 부인하여 어리석게 되었습니다. 하나님의 자녀인 저희는 하나님께 지혜를 구하오니, 하늘의 지혜를 주소서. 솔로몬에게 주셨던 지혜를 남편에게 더하여 주사 하나님의 뜻을 분별하며 삶을 슬기롭게 헤쳐 나갈 수 있게 하소서. 남편이 지혜로운 건축자가 되어 가정을 말씀의 터 위에 굳게 세우고, 믿음 소망 사랑의 건축자재를 활용하여 가정을 바로 세우게 하소서. 남편이 세상에 살면서도 비둘기처럼 순결하고, 세상에 살기 때문에 뱀처럼 지혜롭게 하소서. 남편이 지혜를 얻기 위해 날마다 하나님 말씀을 묵상하게 하시고, 지혜를 주시는 하나님께 기도할 때마다 영감을 주소서. 독서할 때나 어른들과 선배들의 조언에 귀를 기울일 때, 좋은 생각이 떠오르게 하소서. 남편이 일을 수행할 때나 일터에서 문제에 봉착했을 때, 지혜롭게 헤쳐 나감으로 하나님의 지혜의 사람이라는 칭찬을 듣게 하소서.

영감

하나님이 주시는 영감을 받아 일하게 하소서

건너매 엘리야가 엘리사에게 이르되 나를 네게서 데려감을 당하기 전에 내가 네게 어떻게 할지를 구하라 엘리사가 이르되 당신의 성령이 하시는 역사가 갑절이나 내게 있게 하소서 하는지라 왕하 2:9

위로부터 영감을 부어 주시는 하나님! 세상 사람들은 정보를 구하고 지식을 따라 일하지만, 저희에게는 영감을 주시고 하늘의 지혜로 일을 감당하게 해 주셔서 감사드립니다. 남편이 자신의 지식과 노력만을 의지하지 않게 하시고, 하나님이 주시는 영감과 열정으로 일하게 하소서. 모세가 성막을 설계할 때나 다윗이 성전을 설계할 때 하나님이 주시는 영감을 따라 하였듯이, 저희 가정과 인생을 설계할 때도 하나님으로부터 영감을 받게 하소서. 하나님이 영감을 주시는 장소와 일을 알게 하시고, 끊임없이 그러한 채널을 가동함으로 영감을 받게 하소서. 육체가 땅의 식물을 통하여 영양을 공급받아 성장하고 강건해지듯, 남편도 하나님의 성령이 부으시는 영감을 받아 영적으로 깊고 넓게 자라게 하소서. 일터에서 사업상의 아이템을 구할 때도 하나님의 영감을 받게 하셔서, 영감이 있는 사업과 작품을 만들 수 있게 하소서. 엘리사에게 엘리야에게 임한 갑절의 영감을 주신 것처럼, 남편도 하나님이 주신 영감을 따라 일하고 사역하게 하소서.

형통

수고하는 일에 형통의 복을 주소서

그의 주인이 여호와께서 그와 함께 하심을 보며 또 여호와께서 그의 범사에 형통하게 하심을 보았더라 창 39:3

하나님을 경외하는 자들에게 형통의 복을 주시는 하나님! 남편이 하나님이 원하시는 길로 행하게 하시며, 수고하는 모든 일이 형통하도록 복을 주소서(시 128:2). 남편에게 아내의 복과 자녀의 복, 그리고 힘써 경영하는 모든 일에 복을 주소서. 남편이 말씀에 순종하여 하나님과 동행함으로 형통하게 하소서. 하나님과 동행한 요셉과 다니엘처럼, 남편이 들어가는 곳마다 복이 임하고 행하는 일마다 형통함으로, 사람들이 남편을 하나님께 복 받은 사람이라고 인정하게 하소서. 먼저 남편이 하나님과의 관계가 형통하고, 저와의 관계도 행복하며, 자녀들과도 원활히 소통하고, 다른 사람들과의 관계도 원만하게 하소서. 모든 일을 잘 분별하고 신중하게 행하여 능력을 발휘하게 하시고, 건강한 리더십과 겸손한 태도로 세상에서도 형통하게 하소서. 남편을 형통하게 하셔서 지극히 존귀한 인생이 되게 하소서(사 52:13). 주님께 택함 받은 자의 삶이 어떤 모습인지를 세상 사람들에게 보여 주어 하나님께 영광을 돌리게 하소서. 남편이 하나님 나라의 유산과 기쁨을 나누는 자가 되게 하소서.

승리

승리자의 삶을 살게 하소서

사울이 다윗에게 이르되 내 아들 다윗아 네게 복이 있을지로다 네가 큰 일을 행하겠고 반드시 승리를 얻으리라 하니라 다윗은 자기 길로 가고 사울은 자기 곳으로 돌아가니라 삼상 26:25

여호와 닛시, 승리의 하나님! 무릇 하나님께로부터 난 자마다 세상을 이길 수 있고, 세상을 이김은 믿음이라고 약속해 주신 하나님께 감사드립니다. 남편이 하나님의 인도하심을 따라 살면서 승리하는 비결을 배우게 하시고, 이기는 습관을 몸에 익히게 하소서. 남편이 말씀 위에 굳게 서서 사탄의 유혹을 분별하고 믿음으로 승리하게 하소서. 남편의 대적은 공중에 권세를 잡은 사탄과 이 세상의 어두운 풍조와 연약한 육체를 통해 온다는 것을 깨달아, 늘 깨어 기도하면서 하나님의 전신갑주를 입고 승리하는 용사가 되게 하소서. 근시안적인 안목과 이기적인 욕심 때문에 작은 성공에 집착하다가 작은 싸움에서는 이기고 큰 전쟁에서 지는 경우가 없게 하시고, 때로는 양보하고 인내함으로 승리하게 하소서. 대적 사울에게 승리를 인정받고 축복을 받은 다윗처럼, 남편이 자신을 시기하고 어렵게 하는 사람조차도 감동시켜 대적의 성문을 얻게 하소서(창 22:17). 자기 마음을 다스리는 자는 성을 빼앗는 자보다 낫다고 하셨사오니(잠 16:32), 남편이 남을 이기기 전에 먼저 자신을 이기게 하소서.

> 창의력

창의적으로 사고하고 창조적으로 일하게 하소서

내가 그 곁에 있어서 창조자가 되어 날마다 그의 기뻐하신 바가 되었으며 항상 그 앞에서 즐거워하였으며 잠 8:30

우주 만물을 말씀으로 창조하신 하나님! 오늘도 새로운 창조를 위하여 저희들을 동역자로 불러주셔서 감사드립니다. 어두움과 공허함, 그리고 혼돈 가운데서도 빛과 생명, 모든 질서를 아름답게 창조하신 하나님께서, 저희의 모든 상실과 고통, 문제까지도 재료 삼아 새로운 역사를 창조하실 줄 믿습니다. 이처럼 고통과 상실도 하나님의 창조적인 역사를 위해 주신 기회임을 남편이 깨닫게 하소서. 남편이 창조 신앙으로 고통, 환란, 기근, 상실, 슬픔까지도 새 역사를 만드는 도구로 승화시킬 수 있게 도와주소서. 하나님의 창조적인 역사를 우연으로 여기지 않게 하시고, 우연 같은 일들을 하나님의 섭리를 이루는 데 사용하게 하소서. 하나님의 창조의 능력은 삶의 구석구석에까지 미치는 줄 믿사오니, 남편이 하나님의 창조 역사의 파트너가 되게 하소서. 남편에게 하나님의 창조 역사에 동참하는 기쁨과 영광을 주소서. 창조주 하나님의 형상을 따라 지음 받은 남편이 창의적으로 사고하게 하시고, 일을 행함에 있어서도 창조성을 드러내게 하소서.

> 용기

세상이 감당 못할 의로운 용기를 주소서

네 평생에 너를 능히 대적할 자가 없으리니 내가 모세와 함께 있었던 것 같이 너와 함께 있을 것임이니라 내가 너를 떠나지 아니하며 버리지 아니하리니 수 1:5

강하고 담대하라고 용기를 주시는 하나님! 저희 곁에서 언제나 힘이 되어 주시고 용기를 북돋아 주심을 감사드립니다. 세상은 불공정하고 많은 위험과 도전이 남편 앞에 놓여 있습니다. 하나님께서 모세와 여호수아에게 승리를 약속하며 격려해 주신 것처럼, 남편에게도 용기를 주셔서 믿음으로 승리하게 하소서. 남편이 시련을 당하거나 상실에 직면할 때, 하나님의 약속을 의지하여 용기를 내게 하소서. 누군가에게 모함을 받거나 경제적 어려움을 겪거나 원만치 못한 인간관계 등 힘든 일을 당할 때, 두려워하지 않고 용기 있게 나아가 상황을 극복할 수 있게 하소서. 자신을 과신하는 만용이나 과대 포장하는 자만심이 아니라, 자신을 있는 모습 그대로 받아들이면서도 하나님의 임재와 말씀을 믿는 믿음으로 자신감을 가지고 나아가게 하소서. 하나님으로부터 나오는 용기는 하나님이 함께 하신다는 확신과 의로운 삶에서 비롯되는 줄을 믿사오니, 남편이 하나님의 부르심에 합당한 삶을 살게 하소서. 남편에게 세상이 감당 못할 의로운 용기를 주소서.

책임

책임지는 능력 있는 사람이 되게 하소서

만일 그가 기업 무를 자의 책임을 네게 이행하기를 기뻐하지 아니하면 여호와께서 살아 계심을 두고 맹세하노니 내가 기업 무를 자의 책임을 네게 이행하리라 아침까지 누워 있을지니라 하는지라 룻 3:13

저희의 재능을 따라 책임을 맡겨 주시는 하나님! 저희에게 재능과 은사를 베푸셔서 사명을 감당하게 하심을 감사드립니다. 남편이 책임감을 가지고 가족과 사회, 그리고 하나님께 적극적으로 응답하는 삶을 살게 하소서. 남편이 책임을 회피하거나 변명하는 사람이 아니라, 기꺼이 자신에게 주어진 책임을 잘 감당함으로 역량이 극대화되고 인생을 주도적으로 살게 하소서. 가정을 이끌어 가는 가장으로, 아내의 신뢰받는 남편으로, 자녀들의 든든한 버팀목인 아버지로 주어진 책임이 크지만, 즐거운 마음으로 책임을 잘 감당하여 훌륭한 가장이 되고, 존경받는 남편과 아버지가 되게 하소서. 공동체에서도 책임 있는 구성원으로서의 책무를 다하게 하소서. 남편이 자신의 일과 소임을 잘 감당할 뿐 아니라 보아스처럼 어려움을 당한 사람에 대한 책임도 대신 짊어져 선한 영향력을 끼치게 하소서. 하나님은 작은 일에도 큰 사랑을 가지고 임하는 사람에게 큰일을 맡겨 주심을 믿사오니, 남편이 책임감과 사명감을 가지고 매사에 임하여 인정받는 청지기가 되게 하소서.

태도

승리하는 삶의 태도를 가지게 하소서

아무것도 염려하지 말고 다만 모든 일에 기도와 간구로, 너희 구할 것을 감사함으로 하나님께 아뢰라 빌 4:6

삶의 태도를 바르게 바꾸어 주시는 하나님! 저희에게 밝은 자화상과 긍정적이고 적극적인 삶의 태도를 주셔서 감사드립니다. 성경적인 세계관과 가치관을 따라 삶의 우선순위를 바르게 세워 먼저 하나님 나라와 하나님의 의를 구하게 하소서. 남편이 하나님은 섬기고 사람은 사랑하며 물질은 다스리게 하소서. 모든 일에 염려보다는 기도로 필요한 모든 것을 하나님께 구하게 하시고, 하나님이 주신 것들에 대하여는 항상 기뻐하고 감사하는 마음을 갖게 하소서. 남편이 돈, 명예, 권력, 쾌락에 대한 집착, 자녀에 대한 과도한 애착을 내려놓게 하소서. 모든 것이 하나님에게 속하였으며 하나님이 주신 것만이 자신의 것임을 알게 하소서. 가정에서나 직장에서 남편이 가지는 태도가 자녀와 다른 사람들에게 얼마나 큰 영향을 미치는지를 깨닫게 하시고, 바르고 모범적인 삶의 모습을 보여줌으로 선한 영향력을 미치게 하소서. 남편의 경건한 삶의 태도가 세상의 빛과 소금이 되게 하소서.

`성실`

주의 성실을 식물로 삼게 하소서

내 나이 사십 세에 여호와의 종 모세가 가데스 바네아에서 나를 보내어 이 땅을 정탐하게 하였으므로 내가 성실한 마음으로 그에게 보고하였고 수 14:7

성실하신 하나님! 하나님은 저희를 한 번도 실망시키신 적이 없으시고, 인자하심과 성실하심으로 저희를 이끌어 주셨습니다. 하나님의 성실하심을 먹을거리로 삼고 사는 저희들이 하나님의 성실하심처럼 매사에 성실히 임하게 하소서(시 37:3). 세상에서는 맡은 일도 책임지려하지 않고, 인간의 잔꾀에 치우치고, 눈가림만 하며 외식하고, 자기에게 손해가 날 것 같으면 약속도 번개하는 불성실함이 다반사로 일어납니다. 그러나 남편은 이러한 풍조를 따르지 않게 하소서. 모세를 한결같이 성실하게 따른 여호수아처럼 남편도 하나님의 말씀을 믿는 믿음으로 맡은 일을 충성스럽게 수행하게 하소서. 코람데오의 정신을 가지고 가정에 성실하며, 직장에서의 일도 주님께 하듯 책임을 다하고, 하나님께도 신실한 아들이 되게 하소서. 남편이 모든 사람에게 신뢰도가 높은 사람이 되어, 무슨 일이든 전적으로 믿고 맡길 수 있는 성실한 사람이 되게 하소서. 자신의 일에도 성실하여 날마다 진보가 나타나게 하시고, 목적한 일을 이루기까지 꾸준하게 하소서.

> 절제

성품에 절제의 열매를 주소서

이기기를 다투는 자마다 모든 일에 절제하나니 그들은 썩을 승리자의 관을 얻고자 하되 우리는 썩지 아니할 것을 얻고자 하노라 고전 9:25

성품에 절제의 열매를 주시는 하나님! 하나님 나라의 선한 싸움을 싸우는 남편에게 매사에 절제하는 성품을 주셔서 승리하는 삶을 살게 하소서. 자기가 하고 싶은 대로 하지 않고, 옳은 일을 선택하여 행할 수 있는 능력을 주소서. 절제하지 못하면 폭식, 일중독, 과소비, 말실수, 분노, 박약한 의지, 탐욕, 방종, 타락에 빠져 삶의 질서가 무너지고 인격마저 파탄나 결코 행복한 삶을 살 수 없습니다. 성령의 열매인 절제가 남편의 성품에 나타나서 감정을 잘 다스리게 하시고, 행동을 절제 있고 균형 있게 하는 성숙한 남편이 되게 하소서. 자기 마음을 다스리는 자는 성을 빼앗는 자보다 낫다고 하셨사오니, 감정이나 언어나 행동을 잘 통제하게 하소서. 지나치면 아니 한만 못하다는 과유불급이란 말처럼, 좋은 것도 지나치지 아니하고 적절하게 하도록 지혜를 주소서. 일상생활에서도 절제되고 단순한 삶을 통하여 건강한 삶을 유지하게 하시고, 가정생활도 규율과 사랑으로 하게 하소서. 신앙생활에서도 하나님이 주신 은사를 질서 있게 교회의 유익을 위하여 사용함으로 절제의 덕을 세우게 하소서.

관계

관계의 기술을 주소서

비판하지 말라 그리하면 너희가 비판을 받지 않을 것이요 정죄하지 말라 그리하면 너희가 정죄를 받지 않을 것이요 용서하라 그리하면 너희가 용서를 받을 것이요 눅 6:37

삼위이시면서 일체이신 완전하신 하나님! 십자가를 통하여 하나님과 저희의 관계를 회복시켜 주셔서 감사드립니다. 저희는 예수님을 통하여 하나님에게 갈 길이 열렸으며, 하나님을 아바 아버지라고 부르는 특권을 얻었습니다. 남편이 먼저 하나님과의 관계를 바로 세우시고, 성령님 안에서 인간관계도 잘 가꾸어 나가게 하소서. 저희 부부가 하나님의 은혜 안에서 하나가 되었으니, 한 몸 됨의 신비 가운데 가장 친밀한 관계를 유지하게 하소서. 인간관계를 막는 것은 서로에게 상처를 주고 실족하게 했던 상대의 잘못을 용서하지 않는 마음 때문임을 압니다. 그러니 남편에게 용서하는 마음을 주셔서, 받았던 마음의 상처와 고통을 치유하여 주시고, 깨어진 관계를 회복시켜 주소서. 관계의 상처를 통하여서도 남편이 다듬어지고 성장하게 하소서. 일터에서 사람들과 관계를 맺을 때, 진실한 마음으로 대하고, 누군가를 적대시하거나 편을 가르지 않게 하소서. 남편에게 관계의 기술을 주셔서 원만하게 좋은 관계를 많이 맺게 하시고, 그 관계의 힘을 건설적으로 활용하게 하소서.

> 감동

성령의 감동을 받아 일하게 하소서

사무엘이 기름 뿔병을 가져다가 그의 형제 중에서 그에게 부었더니 이 날 이후로 다윗이 여호와의 영에게 크게 감동되니라 사무엘이 떠나서 라마로 가니라 삼상 16:13

성령으로 감동하시는 하나님! 저희가 성령의 감동으로 마음이 변하고 삶이 변화되도록 이끌어 주셔서 감사드립니다. 사람들은 마음의 감동을 추구하지만, 그것은 일시적이고 감정적이며 변화를 동반하기 어려운 것임을 압니다. 그들은 삶의 변화를 이끌어 내는 진정한 감동이 어디에서 오는지를 모릅니다. 먼저 성령으로 남편을 감동 감화시켜 주소서. 하나님의 말씀에 감동하게 하시고, 깨달음을 주시는 대로 섬세하게 반응하는 남편이 되게 하소서. 마음이 무뎌지거나 분주하여 하나님이 주시는 감동을 소홀히 여기지 않게 하시고, 성령의 감동을 받아 살게 하소서. 성령의 감동을 받은 남편이 자신의 일을 탁월하게 수행케 하시고, 다른 사람들의 마음을 감동시켜 그들을 변화시키는 리더가 되게 하소서. 감동이 인간의 노력이 아닌 성령 충만함을 통해 일어나게 하소서. 남편의 말과 행동 하나하나가 사람들에게 감동을 주어 주변에 감동의 물결을 일으키게 하소서.

감정

감정을 건강하게 하소서

주께서 심지가 견고한 자를 평강하고 평강하도록 지키시리니 이는 그가 주를 신뢰함이니이다 사 26:3

상한 감정을 고치시는 하나님! 하나님은 저희의 영혼뿐 아니라 마음과 육체 모두를 돌봐 주셔서 감사드립니다. 남편이 정서적으로 풍요롭고 건강하여 지정의가 온전히 하나님을 향하며, 가족과 사람들에 대해서도 감정을 적절하게 표현하게 하소서. 분주함 때문에 감정이 메마르거나 스트레스로 인하여 예민하거나 우울하지 않게 하소서. 감정 기복이 심하여 불안해하거나 일시적인 기분으로 일을 그르치는 경우가 없도록 남편의 마음과 생각을 지켜 주소서. 행여 어릴 때 받은 상처로 인하여 마음에 쓴 뿌리가 있다면, 주님께서 마음을 만져 주시고 치유하여 주셔서, 건강한 감정을 유지하게 하소서. 마음의 깊은 상처로 인하여 자신도 제어할 수 없는 분노나 상한 감정이 있다면, 치유받기 위해서 마음을 열고 전문적인 상담도 받을 수 있는 용기를 주소서. 주님을 신뢰하는 남편에게 평안한 마음을 주시고, 감정을 지혜롭게 잘 다스리게 하소서. 남편이 가족들과 감정의 교류를 원만하게 하며 가정을 평화롭고 든든하게 세우게 하소서.

> 생각

성령을 따라 생각하게 하소서

내가 옛날을 기억하고 주의 모든 행하신 것을 읊조리며 주의 손이 행하는 일을 생각하고 시 143:5

저희의 생각을 감찰하시는 하나님! 저희의 모든 생각을 주관하여 주소서. 저희의 생각이 언어가 되고, 언어가 행동이 되고, 행동이 습관이 되어 결국 삶을 바꾸는 줄 압니다. 바른 삶을 살기 위해 우선 저희의 생각부터 하나님의 생각에 맞추게 하소서. 그러나 지혜가 부족하고 유한한 저희는 하나님의 생각과 뜻을 온전히 헤아리기가 어렵습니다. 남편에게 늘 하나님의 뜻을 헤아리려는 마음을 주시고, 하나님의 생각에 자신의 영적인 주파수와 심리적인 더듬이를 고정시킬 수 있게 하소서. 자신의 생각을 하나님의 생각이라 잘못 판단하거나 고집을 부리는 어리석은 죄를 범치 않게 하소서. 사탄이 가져다주는 육신의 생각은 사망에 이르고, 성령님이 주시는 생각은 풍성한 생명에 이르게 하는 것을 믿사오니, 남편이 성령을 따라 마땅한 생각을 하게 하소서. 날마다 하나님의 영의 생각으로 충만하여져서 마음에 평안을 누리게 하소서. 남편이 이전에 주신 은혜를 기억하고, 앞으로 이루실 역사를 기대하면서 창의적으로 생각하게 하소서.

> 선택

복과 생명의 길을 선택하게 하소서

복 있는 사람은 악인들의 꾀를 따르지 아니하며 죄인들의 길에 서지 아니하며 오만한 자들의 자리에 앉지 아니하고 시 1:1

저희를 선택하신 하나님! 저희에게 선택할 수 있는 은혜를 주시고, 바른 선택을 통하여 하나님께 영광을 돌리게 하심을 감사드립니다. 선택이 이렇게 중요한데도 때로는 선택하는 일이 참 어렵게 느껴집니다. 저희에게 주신 선택의 자유로 실수하거나 죄를 짓지 않도록 도와주소서. 저희에게 하나님의 선하시고 기뻐하시고 온전한 뜻이 무엇인지 분간할 수 있는 분별력을 주소서. 남편에게 하나님의 뜻을 알 뿐 아니라 그 뜻을 따라 나아갈 수 있는 현명한 용기도 주소서. 하나님 나라가 목표가 되고, 성경 말씀이 지도가 되고, 성령님이 GPS가 되어 주셔서 바른 길을 가게 하소서. 세상 사람들이 가는 넓고 편한 길이나 악인들이 가는 죄악의 어두운 길로 가지 않게 하소서. 자기의 이기적인 욕심이나 육체의 정욕에 따라 선택하지 않게 하소서. 세상적인 가치에 눈이 어두워지지 않게 하시고, 하나님이 귀하게 여기시는 것을 좋아하게 하소서. 순간의 선택이 평생을 좌우한다는 말처럼, 신중하게 기도할 때, 하나님의 마음을 알게 하시고 좁더라도 생명의 길로 가게 하소서.

변화

변화를 주도하는 사람이 되게 하소서

너희는 이 세대를 본받지 말고 오직 마음을 새롭게 함으로 변화를 받아 하나님의 선하시고 기뻐하시고 온전하신 뜻이 무엇인지 분별하도록 하라
롬 12:2

저희를 날마다 새사람으로 변화시키시는 하나님! 남편이 세상을 본받지 않고 오직 마음을 새롭게 하여 날마다 새사람으로 변화하고 성장하게 하소서. 하나님의 말씀을 매일 가까이 하고 기도 생활을 꾸준히 하며, 성령의 인도하심을 받으면 영적으로 새롭게 변화될 줄 믿습니다. 세상의 지식이나 정보에 따라서만 빠르게 변화하는 남편이 아니라, 하나님의 지혜와 영감을 따라 바르게 변하는 남편이 되게 하소서. 남편이 하늘에서 부는 변화의 바람을 타고, 세상의 흐름을 읽고 성경적인 사고로 세상의 변화를 주도하는 사람이 되게 하소서. 남편에게 세상에 참된 변화를 일으킬 수 있는 참신함, 추진력, 아이디어, 호기심, 모험심, 창의력, 실험정신, 도전정신을 주소서. 남편이 세상의 변화에 끌려가기보다는 앞서 가면서 창의적이고 적극적인 변화를 이끌어 내는 사람이 되게 하소서. 끊임없이 변하는 세상에서 변함없는 진리인 말씀을 적용하면서 변화를 주도할 수 있도록 남편을 인도하소서.

성장

장성한 신자로 성장하게 하소서

내가 어렸을 때에는 말하는 것이 어린아이와 같고 깨닫는 것이 어린아이와 같고 생각하는 것이 어린아이와 같다가 장성한 사람이 되어서는 어린아이의 일을 버렸노라 고전 13:11

그리스도의 장성한 분량까지 성장하길 원하시는 하나님! 작은 겨자씨가 큰 숲을 이루듯이 남편의 믿음이 산을 옮길 만한 믿음으로 성장하게 하소서. 유치한 신자의 말과 행동을 버리고 그리스도의 분량에까지 이르는 성숙한 그리스도인이 되게 하소서. 남편이 성령으로 거듭난 중생 상태에서 점진적인 성화의 과정을 거쳐 성결한 신자가 되게 하소서. 영적으로 장성한 신자가 되어 가정에서 제사장 역할을 할 뿐 아니라 교회에서도 영적인 지도자가 되게 하소서. 남편이 말씀을 스스로 찾아 읽고 실천하며 더불어 다른 사람들에게 말씀을 가르치는 사람이 되게 하소서. 항상 육신이 건강하고, 내면의 영적질서가 잘 잡혀있어 나날이 충실히 자라게 하소서. 혹시 어렸을 때 마음에 받은 상처 때문에 어른이 되어서도 마음이 자라지 않아 아이 같은 태도를 보인다면 그의 마음을 치유하여 주시고, 심리적으로 맷집 있고 정서적으로도 건강한 성인이 되게 하소서.

기회

하나님이 주신 기회를 선용하게 하소서

이 징조가 네게 임하거든 너는 기회를 따라 행하라 하나님이 너와 함께 하시느니라 삼상 10:7

인생에 기회를 주시는 하나님! 기회는 앞 머리카락만 있고 뒤 머리카락이 없다는 속담처럼, 남편이 기회가 왔을 때 잘 포착할 수 있게 하소서. 의외성이 존재하는 인생 가운데, 승리하는 비결은 하나님이 주시는 기회를 포착하는 것인 줄 믿습니다. 때로는 특별한 일이 우연같이 찾아오기도 하지만, 하나님이 사인을 주셨을 때는 그 기회를 놓치지 않게 하소서. 하나님이 주신 기회는 남편의 잠재력과 가능성을 능력과 업적으로 바꾸어 주실 줄 믿습니다. 기회를 잘 활용하여 가능성 있는 사람에서 능력 있는 사람으로 변화되게 하소서. 남편이 자신의 실력을 발휘할 수 있는 기회를 기도로 구하고, 기대하면서 두드리고 찾게 하시어 기회가 주어졌을 때에 믿음으로 담대히 시도하게 하소서. 하나님이 주신 시간, 물질, 재능, 일자리 같은 모든 것이 알고 보면 하나님이 주신 기회인 줄 믿사오니, 하나님의 뜻을 따라 하나님이 주신 기회를 지혜롭게 선용하게 하소서. 기회가 주어지지 않는다고 불평하거나 앉아서 기다리는 것이 아니라 스스로 기회를 만들게 하소서.

성결

성결한 심령을 주소서

오직 너희를 부르신 거룩한 이처럼 너희도 모든 행실에 거룩한 자가 되라
벧전 1:15

"내가 거룩하니 너희도 거룩하라"고 명령하신 하나님! 저희를 날마다 말씀과 기도로 거룩하게 하심을 감사드립니다. 하늘에 계신 아버지의 온전하심과 같이 온전하라고 하셨으니(마 5:48), 저희에게 성결의 은혜를 내려 주소서. 남편의 말과 행동, 그리고 성품이 하나님의 거룩하심을 닮기 원합니다. 화평함과 거룩함이 없이는 하나님을 보지 못한다고 하셨사오니(히 12:14), 남편이 사람들과 화평하고 하나님 앞에 성결한 삶을 살게 하소서. 하나님은 먼저 마음의 성결을 원하시오니(약 4:8), 남편이 마음의 동기로부터 생활에 이르기까지 거룩하게 하소서. 남편에게 정한 마음을 창조하셔서 날마다 거룩하게 하소서. 혹시 잘못했을 때는 즉각 회개와 믿음을 통하여 성결함을 회복하게 하소서. 남편이 세상 세파에 시달리다 보면 구별된 삶을 살기가 힘들고, 성결한 심령에 상처를 받을 때도 있지만, 그때마다 하나님이 지켜 주시고 사랑으로 충만하게 하셔서 거룩하게 하소서. 하나님의 성령을 온전히 따르고 순종할 때, 성결의 능력이 나타나는 줄 믿습니다. 남편이 세상 무엇보다 거룩해지기를 갈망하게 하소서.

> 열정

바른 열정을 주소서

예루살렘 딸들아 너희에게 내가 부탁한다 너희가 내 사랑하는 자를 만나거든 내가 사랑하므로 병이 났다고 하려무나 아 5:8

"열심을 품고 주를 섬기라"고 하신 하나님! 저희를 구원하시기 위해 예수 그리스도를 보내주시고, 십자가에서 죽기까지 사랑해 주신 하나님의 열심에 감사드립니다. 사랑하는 남편이 하나님을 열심을 다하여 사랑하고, 하나님의 열정으로 인생을 살아가길 원합니다. 저희가 서로 만나서 결혼할 때까지, 서로를 향한 사랑과 행복한 가정에 대한 열망, 그리고 삶과 일에 대한 열정이 참 아름다웠습니다. 저는 그런 남편이 믿음직스러웠고 함께 꿈꾸며 이루어 갈 인생에 대한 기대로 행복했습니다. 때로는 저희 앞에 난관이 있고 열정을 불태우기에는 부족한 여건도 있지만, 저희들의 이러한 열망이 식지 않게 하시고, 다시 한 번 힘을 낼 수 있도록 도와주소서. 남편에게 가족에 대한 사랑을 힘입어 열심을 내게 하시고, 자신에게 주어진 일에 최선을 다할 수 있는 마음을 주소서. 열정의 온도가 삶을 변화시킬 줄을 믿사오니, 바른 열심을 주시고 그 열정을 쏟을 수 있는 기회를 주소서. 남편의 삶에 대한 열정이 가정에도 고스란히 전달되어 모두 다 자신의 일에 열심을 품게 하소서.

인내

인내의 열매를 거두게 하소서

이러므로 우리에게 구름 같이 둘러싼 허다한 증인들이 있으니 모든 무거운 것과 얽매이기 쉬운 죄를 벗어 버리고 인내로써 우리 앞에 당한 경주를 하며 히 12:1

십자가를 참으심으로 인류를 구원하신 주님! 저희가 힘들고 어려울 때, 십자가의 주님을 바라보며 인내할 수 있게 하심을 감사드립니다. 저희가 너무 힘들어 인내심이 한계에 도달한 상황에서도 십자가를 생각하며 온전한 인내를 이루게 하소서. "눈물로 씨를 뿌리는 자는 기쁨으로 추수한다"는 말씀처럼, 저희의 현재의 인내가 장래에 아름다운 소망을 이루게 되리라고 믿습니다. 남편이 자신과 가정을 위하여 힘이 들더라도 소망을 가지고 씨를 뿌리게 하시고, 하나님의 시간에 많은 열매를 거두게 하소서. 남편이 인생의 환란과 고통에 처하더라도 잘 참고 견뎌서 하나님이 주시는 승리를 경험하게 하소서. 일터에서 자신의 생각과 주장을 급하게 피력하거나 당장에 분노를 나타내어 불협화음을 내는 것이 아니라, 상대의 말을 들어주고 감정을 자제하여 인내함으로 다른 사람들과 온전한 조화를 이루게 하소서. 자신이 수행하는 일도 당장의 성과에 조급해 하지 않고, 믿고 기다리는 여유로운 마음을 가지게 하소서. 그래서 성급한 판단으로 일을 그르치는 경우가 없게 하소서.

> 사역

모든 일을 사역으로 감당하게 하소서

또 사역은 여러 가지나 모든 것을 모든 사람 가운데서 이루시는 하나님은 같으니 고전 12:6

저희를 동역자로 불러 주신 하나님! 하나님의 일을 저희와 함께, 그리고 저희를 통하여 이뤄주셔서 감사드립니다. 남편이 무슨 일을 하든지 하나님의 동역자로 하나님의 뜻을 따라 하나님께 하듯 하게 하소서. 남편이 교회에서 맡은 사역뿐 아니라 경영하는 인생의 사업이 사역이 되게 하소서. 남편이 힘쓰는 일의 궁극적인 목적이 하나님을 섬기는 일로 귀결될 수 있게 하소서. 남편이 그가 하고 있는 모든 일이 분명 하나님으로부터 왔다는 확실한 소명의식을 가지고, 소명을 수행하는 사명자로서의 삶을 살게 하소서. 그래서 그의 하는 일이 성직이 되게 하시고, 하나님 나라를 이루는 사역이 되게 하소서. 남편에게 주어진 많은 재능과 일을 통하여 하나님의 영광을 드러내게 하소서. 하나님이 주신 재능을 행여나 자신의 유익만을 위해 사용하지 않게 하시고, 하나님의 뜻을 따라 바르게 사용하는 착하고 충성스러운 청지기가 되게 하소서. 남편의 사역의 범위도 날마다 더 확장되게 하시고, 사역을 잘 감당하여 하나님 앞에 칭찬과 상급을 받게 하소서.

> 은사

신령한 은사를 내려 주소서

온갖 좋은 은사와 온전한 선물이 다 위로부터 빛들의 아버지께로부터 내려오나니 그는 변함도 없으시고 회전하는 그림자도 없으시니라 약 1:17

온갖 좋은 은사를 풍성히 내려 주시는 하나님! 저희가 사모하고 기도하는 것마다 은혜로 내려 주심을 감사드립니다. 남편의 믿음 생활에 유익을 주고 교회에 덕을 끼치는 영적인 은사와 사역을 감당하게 하는 일반적인 은사를 베풀어 주소서. 하나님이 주시는 믿음의 은사로 자신의 삶과 가정을 확신 가지고 능력 있게 이끌게 하시고, 가르치고 돕고 섬기는 은사를 통하여 교회의 지체로서의 역할을 잘 감당하게 하소서. 은사로 주시는 지혜와 지도력을 통하여 자신의 인생을 잘 경영하며, 사람들에게 좋은 영향력을 미쳐서 바른 길로 인도하게 하소서. 남편이 하나님께 받은 은사를 묻어 두는 어리석은 사람이 아니라, 하나님이 주신 보석 같은 은사를 잘 가꾸고 활용하여 하나님께 영광을 돌리는 신실한 주의 일꾼이 되게 하소서. 모든 은사 위에 사랑을 더하셔서 주신 은사를 사랑으로 행하고 사랑을 실천하는 데에 활용하게 하소서. 남편에게 신령한 은사를 더하여 주셔서 하나님이 하시는 일을 나타내고 하나님께 귀하게 쓰임을 받는 사람이 되게 하소서.

선행

선행을 통하여 하나님의 영광을 나타내게 하소서

너희 중에 지혜와 총명이 있는 자가 누구냐 그는 선행으로 말미암아 지혜의 온유함으로 그 행함을 보일지니라 약 3:13

저희의 착한 행실을 통하여 영광을 받으시는 하나님! 저희를 세상의 빛으로 부르시고, 착한 행실을 통하여 하나님의 영광을 드러내게 하심을 감사드립니다(마 5:16). 남편이 일생을 살면서 기회가 주어지는 대로 착한 일을 많이 하게 하소서. 자신을 드러내기 위한 이기적인 동기에서가 아니라, 하나님께 받은 것을 나누고 드리는 순수한 동기에서 선행을 베풀게 하소서. 선행을 하더라도 자신의 힘이 아니라, 하나님이 주시는 힘으로 하고, 하나님의 이름으로 하게 하소서. 선행을 할 때에 상대의 입장을 배려해서 도움을 받는 사람의 마음이 다치지 않게 하고, 은밀한 중에 보시는 하나님 앞에서 하게 하소서. 세상의 칭찬과 보상을 바라거나 누가 알아주기를 기대하지 않게 하시고, 오직 주님께 하듯 하게 하소서. 착한 일을 하다가 지치거나 실망하지 않도록 하나님께서 마음에 기쁨과 위로를 주시고, 남이 잘되는 것을 보고 보람을 얻게 하시며, 하나님 나라의 상급을 받게 하소서. 남편의 선행을 통하여 주변이 밝아지며 착한 일들이 이어지게 하소서.

소명

부르심의 소명 안에서 행하게 하소서

하나님이 우리를 구원하사 거룩하신 소명으로 부르심은 우리의 행위대로 하심이 아니요 오직 자기의 뜻과 영원 전부터 그리스도 예수 안에서 우리에게 주신 은혜대로 하심이라 딤후 1:9

거룩한 일로 부르시는 하나님! 저희로 하여금 부르심을 받은 삶을 살게 하심을 감사드립니다. 남편이 영원 전부터 알고 부르신 하나님의 뜻을 깨달아 알게 하소서. 그리고 부르심을 따라 사명감을 가지고 최선을 다하게 하소서. 무슨 일을 하든지 소명 의식을 가지고 주님께서 맡겨 주신 일을 주님의 영광을 위하여 하게 하소서. 단순히 일이 세상을 살아가기 위한 물질을 얻는 수단이 되지 않게 하시고, 하나님의 영광을 드러내는 방편이 되게 하소서. 하나님 나라를 위해 힘쓸 때, 하나님께서 모든 필요한 것을 채워 주시는 줄 믿습니다. 하나님이 남편에게 복으로 주신 일을 단순히 생계수단으로 전락시키지 않게 하시고, 하나님의 소명을 이루는 삶이 되게 하소서. 남편이 소명감을 가지고 일할 때, 일과 흥미가 분리되지 않고 재미있게 일할 수 있게 하소서. 또한 하나님이 주시는 창의력이 발휘되어, 결국 일이 더욱 잘 되게 하소서. 남편이 평생 부르심의 소명 안에서 살게 하소서.

> 은혜

때를 따라 돕는 은혜를 주소서

그러므로 우리는 긍휼하심을 받고 때를 따라 돕는 은혜를 얻기 위하여 은혜의 보좌 앞에 담대히 나아갈 것이니라 히 4:16

은혜가 풍성하신 하나님! 아무 공로 없고 아무 자격 없는 저희를 십자가의 은혜로 구원해 주시고 의롭다고 불러 주시니 감사드립니다. 값을 수 없는 과분한 은혜를 받은 저희가 은혜에 합당한 삶을 살아갈 수 있도록 도와주소서. 구원을 받은 것도 은혜이지만 은혜를 힘입지 않고는 하루도 살 수 없사오니, 남편이 때를 따라 돕는 은혜를 받기 위하여 은혜의 보좌 앞에 날마다 나아가게 하소서. 하나님의 은혜에서 멀어지게 하는 죄와 미움이 남편에게 틈타지 못하도록 막아 주시고, 회개하는 마음과 용서하는 심령으로 하나님 앞에 나아가게 하소서. 은혜의 능력이 남편에게 역사해 사탄의 권세와 세상의 유혹, 육신의 정욕을 이기고, 은혜 안에서 생활하며 다른 사람에게도 은혜를 끼치는 통로가 되게 하소서. 하나님이 은혜로 저희를 대하신 것처럼 남편도 다른 사람들에게 은혜의 원리를 따라 용서하고 마땅히 할 것보다 더 많이 베푸는 삶을 살게 하소서. 남편이 가는 곳마다 은혜의 강수가 흐르게 하소서.

명예

아름다운 이름을 얻게 하소서

그 때에 내가 너를 괴롭게 하는 자를 다 벌하고 저는 자를 구원하며 쫓겨난 자를 모으며 온 세상에서 수욕 받는 자에게 칭찬과 명성을 얻게 하리라
습 3:19

존귀와 영광을 받으시기에 합당하신 하나님! 저희에게 하나님의 자녀라는 명예로운 이름을 주시고, 자녀의 영광과 권세를 누리게 하심을 감사드립니다. 남편의 삶에서 하나님의 이름이 거룩하게 일컬음을 받도록, 남편의 말과 행동을 온전하게 하소서. 많은 재물보다 명예를, 금은보다 은총을 택하라고 하셨사오니(잠 22:1) 남편이 하나님께 은총을 받고 세상에서 명예로운 이름을 얻게 하소서. 성실하고 정직한 남편이 하는 일과 진실하게 맺어 온 인간관계를 통하여 사람들에게 칭찬과 명성을 얻게 하소서. 세상 사람들은 교만하여 스스로 자기의 이름을 내세우고, 자기의 업적을 자랑함으로 자기의 이름을 알리려고 애를 쓰지만, 남편은 겸손하게 주님의 이름으로 좋은 일을 하고, 모든 영광을 하나님께 돌리게 하소서. 하나님 앞에 스스로 낮출 때 하나님께서 높여 주시고, 결국 하나님이 인정해 주시고 역사가 기억하는 사람이 되게 하소서. 남편이 세상에 물질이나 업적보다도 아름다운 이름을 남기게 하소서.

하나님의 자녀로서 행복을 누리게 하소서

이스라엘이여 너는 행복한 사람이로다 여호와의 구원을 너 같이 얻은 백성이 누구냐 그는 너를 돕는 방패시요 네 영광의 칼이시로다 네 대적이 네게 복종하리니 네가 그들의 높은 곳을 밟으리로다 신 33:29

인생에 행복을 주시는 하나님! 저희 가정이 오직 하나님만을 주님으로 모시고 서로 사랑하면서 행복하게 살게 하심을 감사드립니다. 남편이 먼저 마음에서부터 평안을 누리고, 가정에서도 행복을 느끼고, 하는 일에서는 보람을 얻게 하소서. 행복은 외부적인 환경이나 물질의 부요함에서 오는 것이 아니라, 하나님께로부터 오며 가족 모두가 서로를 위하는 사랑에서 오는 것을 알게 하소서. 하나님을 자신의 하나님으로 삼는 사람은 행복한 사람이고, 사랑하는 아내와 자녀와 더불어 사는 사람은 복을 받은 사람이며, 자기가 하는 일을 좋아하는 사람은 복을 받은 사람이라고 하셨사오니, 남편이 이러한 복을 누리게 하소서. 하나님이 주신 행복을 마음에 주장하고 언제나 평강과 기쁨을 누리게 하소서. 행복의 기준을 하나님의 말씀과 성경적인 가치관에 두고, 세상이 알 수도 없고 빼앗을 수도 없는 행복을 누리게 하소서. 남편의 행복이 이기적이고, 감각적이고, 근시안적이고, 세상적인 것이 되지 않게 하소서. 하나님의 존재 자체가 남편의 행복의 기준이 되게 하소서.

> 사업

하나님 나라를 위한 기업이 되게 하소서

네 하나님 여호와께서 네 손으로 하는 모든 일과 네 몸의 소생과 네 가축의 새끼와 네 토지소산을 많게 하시고 네게 복을 주시되 곧 여호와께서 네 조상들을 기뻐하신 것과 같이 너를 다시 기뻐하사 네게 복을 주시리라
신 30:10

복 주기를 기뻐하시는 하나님! 온 마음으로 하나님께 돌아와 말씀을 청종하고 순종하면, 모든 행사를 다 형통하게 해 주신다고 약속해 주셔서 감사드립니다. 일상생활과 사업의 성패는 바로 하나님과의 관계에 달려 있는 것을 믿사오니, 남편이 먼저 하나님과 형통한 관계를 맺게 하소서. 남편이 하나님께 전적으로 순복하고 그 뜻을 따를 때, 약속의 말씀이 이루어질 줄로 믿습니다. 남편이 하나님께 올려드린 사업이 하늘나라의 기업이 되게 하소서. 그래서 그 기업이 번성하고 왕성하여져서 마침내 거부가 되는 이삭의 복을 받게 하소서. 남편이 하는 모든 일을 견고한 토대 위에 세워 주소서(시 90:17). 하나님이 남편의 사업을 도와주고 계심을 사람들이 알게 해 주시고, 남편과 함께 하는 모든 사람이 남편으로 인해 복을 받게 하소서. 남편이 좋은 일자리를 많이 만들어 사람들에게 제공하고, 사업의 지경이 점차 확장되게 하소서. 남편이 자신뿐 아니라 다른 사람들도 복을 받게 하는 축복의 유통자가 되게 하소서.

> 일터

일터를 성소로 만들게 하소서

눈가림만 하여 사람을 기쁘게 하는 자처럼 하지 말고 그리스도의 종들처럼 마음으로 하나님의 뜻을 행하고 기쁜 마음으로 섬기기를 주께 하듯 하고 사람들에게 하듯 하지 말라 엡 6:6-7

일터에 임재하시는 하나님! 주방에서 일하며 평생동안 하나님의 임재를 경험한 로렌스 수도사처럼 남편도 일터에서 하나님의 임재를 경험하며 일하게 하소서. 남편이 일터를 하나님이 거하시는 성소로 선포하고, 하나님 앞에서 일을 수행하는 거룩한 장소가 되게 하소서. 주일 교회에서의 예배가 평일 일터의 생활로 이어지게 하시고, 주일 예배가 일을 거룩하게 하고, 일터의 일이 예배를 가치 있게 만들게 하소서. 하나님께서 남편에게 주신 일터는, 가족을 부양하고 사람들을 이롭게 하며 하나님께 영광을 돌리는 귀한 장소입니다. 남편이 일터를 소중하게 여기고, 자신의 능력을 발휘하여 최선을 다하게 하시며, 그의 능력과 태도로 인정과 존경을 받게 하소서. 일터에서 함께 일하는 동료들과 소통이 잘 되게 하시고, 일을 통하여 남편의 능력이 개발되게 하소서. 아침마다 기쁜 마음으로 일터로 향하게 하시고, 하루의 대부분을 보내는 일터에서의 생활이 보람 있게 하시며, 퇴근할 때 몸은 피곤해도 일에 대한 성취감을 가지고 가정으로 돌아오게 하소서.

가정

천국의 모형 같은 가정이 되게 하소서

그의 후손이 땅에서 강성함이여 정직한 자들의 후손에게 복이 있으리로다
시 112:2

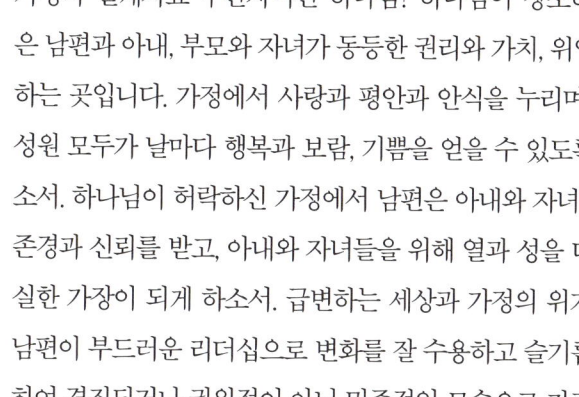

가정의 설계자요 주관자이신 하나님! 하나님이 창조하신 가정은 남편과 아내, 부모와 자녀가 동등한 권리와 가치, 위엄이 존재하는 곳입니다. 가정에서 사랑과 평안과 안식을 누리며 가족 구성원 모두가 날마다 행복과 보람, 기쁨을 얻을 수 있도록 인도하소서. 하나님이 허락하신 가정에서 남편은 아내와 자녀들로부터 존경과 신뢰를 받고, 아내와 자녀들을 위해 열과 성을 다하는 성실한 가장이 되게 하소서. 급변하는 세상과 가정의 위기 가운데 남편이 부드러운 리더십으로 변화를 잘 수용하고 슬기롭게 대처하여 경직되거나 권위적이 아닌 민주적인 모습으로 가정을 이끌게 하소서. 가족 간의 오해와 갈등, 자녀들의 탈선 같은 부정적인 것들로부터 저희 가정을 보호하소서. 부부 사이를 이간하거나 가정을 허는 작은 여우같은 사탄의 세력으로부터 가정을 지켜 주소서. 저희 가정은 사랑과 행복이 가득하고 서로 세워 주며 늘 함께하는 화목한 가정이 되게 하소서. 각자에게 주어진 역할을 성실하게 수행하는 가정이 되게 하소서. 저희 가정이 천국의 모형이 되어 자녀들이 복을 받고 강성하게 하소서.

상호 존중

저희가 먼저 존중하게 하소서

누구든지 자기의 유익을 구하지 말고 남의 유익을 구하라 고전 10:24

저희를 천하보다 더 귀하게 여기시는 하나님! 저희 부부 관계가 일방적인 관계가 아니라, 남편은 아내를 사랑하고 아내는 남편에게 순종하는 상호관계를 맺게 하심을 감사드립니다. 부부관계에서 상대방에게 무엇을 요구하기 전에 자기가 해야 할 도리를 먼저 알고 행하게 하소서. 자녀들에게 존경받기를 원하는 저희 부부가 먼저 자녀들을 귀하게 여기고 존중하는 본을 보이게 하소서. 그리하여 저희 가정에서 상호 존중의 모습을 보이게 하소서. 인간관계에서도 남편이 언제나 상대방의 입장을 존중하고 배려하는 마음을 갖게 하소서. 자신의 의견이나 주장만을 일방적으로 고집하지 않게 하시고, 먼저 상대방의 말에 귀를 기울이는 성숙한 남편이 되게 하소서. 이기적인 동기에서 사람을 만나거나 자기의 것을 먼저 챙기는, 마음이 좁은 남편이 아니라, 상대방이 존중받고 있다고 느낄 수 있도록 남을 자신보다 낫게 여기게 하소서. 남편이 일터에서 다른 사람의 유익을 먼저 구하게 하시고, 그들도 이런 남편을 존경하고 위하게 하소서.

> **성령 충만**

오직 성령으로 충만하게 하소서

술 취하지 말라 이는 방탕한 것이니 오직 성령으로 충만함을 받으라 엡 5:18

성령 충만을 받으라고 명령하신 하나님! 죄가 만연한 세상에서 그리스도인으로 살기 위해서는 오직 '성령 충만'밖에 없는 줄 압니다. 세상의 유혹과 육체의 정욕을 이길 힘은 오직 성령 충만을 받아야 되는 줄 믿사오니, 남편에게 성령을 충만하게 부어 주소서. 예수님을 영접할 때 임하신 성령께서 점점 충만하게 남편의 심령을 채워주소서. 성령님께서 충만하게 거하셔서 남편의 마음과 생각과 행동을 지배하여 주소서. 성령님의 의지대로 남편을 인도하여 주소서. 성령님께서 남편을 진리 가운데로 인도하여 주시고, 세상과 죄를 이길 수 있는 힘을 주소서. 성령님이 충만하여 내적으로는 성품에 성령의 열매를 맺게 하시고, 외적으로는 사역에 성령의 능력이 나타나게 하소서. 성경의 선지자들이나 사사들, 사도들에게 임한 성령의 충만함을 남편이 날마다 경험하게 하소서. 성령님의 인도하심에 민감하게 순종하여 반응하게 하시고, 성령님을 근심되게 하거나 소멸하는 일이 없게 하소서. 남편이 성령 충만하여 성령의 사람이 되고 거룩한 삶을 살게 하소서.

가치관

성경적 가치관을 주소서

천국은 마치 밭에 감추인 보화와 같으니 사람이 이를 발견한 후 숨겨 두고 기뻐하며 돌아가서 자기의 소유를 다 팔아 그 밭을 사느니라 마 13:44

인생의 바른 가치관을 가르쳐 주신 주님! 인간을 만드신 하나님의 창조의 질서와 성경의 가치관을 따라 살도록 저희를 인도하여 주심을 감사드립니다. 하나님의 창조의 질서는, 하나님은 섬기고 사람은 사랑하며 물질은 다스리는 것인데, 인간은 그것을 뒤집어 물질은 섬기고 사람은 이용하고 하나님은 인정도 하지 않으면서 많은 죄를 짓고 있습니다. 남편에게 하나님 중심의 바른 가치관을 정립하여 주소서. 하나님이 가치 있게 여기는 것을 남편도 가치 있게 여기게 하소서. 남편이 삶의 의미를 하나님 안에서 찾게 하시고, 하나님이 귀하게 여기는 것을 볼 수 있는 눈을 주시고, 그것을 자신의 것으로 만들기 위해 자신의 소유를 다 판 농부처럼 결단하게 하소서. 안개와 같이 사라질 물질이나 명예, 권력에 집착하는 어리석은 남편이 되지 않게 하시고, 이 세상을 살면서도 영원한 가치를 추구하게 하소서. 성경이 가르쳐 주는 가치를 삶의 기준점으로 삼아 세상의 가치관과 당당히 맞서는 거룩한 자녀가 되게 하소서.

우선순위

먼저 할 것을 먼저 하게 하소서

그런즉 너희는 먼저 그의 나라와 그의 의를 구하라 그리하면 이 모든 것을 너희에게 더하시리라 마 6:33

먼저 하나님 나라와 의를 구하라고 말씀하신 주님! 먹고 입고 마시는 문제도 중요하지만, 먼저 으뜸 되는 하나님 나라를 구하고 살면, 이 모든 것들을 더해 주실 것을 믿습니다. 남편에게 소중한 것을 분별하는 지혜를 주시고, 그것을 먼저 하는 믿음을 주소서. 남편이 궁극적인 목적이 되는 하나님 나라와 하나님의 뜻을 구하며 살게 하소서. 이렇게 살 때 하나님이 의식주뿐 아니라 아주 구체적인 것들까지도 채워 주시는 것을 실제 삶에서 경험하게 하소서. 남편이 가장 먼저 하나님과의 관계를 잘하게 하시고, 다음으로는 저와 사랑으로 연합하는 것을 중시하며, 자녀들에게 친밀한 아버지의 역할을 감당하게 하소서. 그리고 다른 사람과의 관계, 일과 사역을 충실히 감당하게 하소서. 남편이 하는 역할이 많지만 먼저 할 것을 먼저 하면, 나머지는 하나님께서 도와주실 줄 믿습니다. 남편이 하나님보다 어떤 것도 앞세우지 않게 하시고, 일의 우선순위를 정하여 하나님이 주시는 힘으로 나머지 일들도 잘 감당하게 하소서.

시험

시험을 감당할 능력을 주소서

사람이 감당할 시험 밖에는 너희가 당한 것이 없나니 오직 하나님은 미쁘사 너희가 감당하지 못할 시험 당함을 허락하지 아니하시고 시험 당할 즈음에 또한 피할 길을 내사 너희로 능히 감당하게 하시느니라 고전 10:13

저희가 감당할 시험만을 허락하시는 하나님! 그동안 수많은 시험 가운데서도 저희를 지켜 주시고, 시험을 통하여 오히려 믿음을 성장시켜 주셔서 감사드립니다. 남편이 시시각각 많은 유혹과 시험에 노출되어 있습니다. 사탄은 영적인 문제, 정신적인 문제, 물질적인 문제를 가지고 남편을 공격하고 있습니다. 그러나 남편이 시험에 빠지지 않게 하시고, 시험 당할 때에 성령님이 도와주셔서 능히 승리하게 하소서. 정욕이나 욕심에 이끌려 시험에 빠지지 않게 하시고, 시기심과 교만 때문에 유혹을 받지 않게 하소서. 깨어 기도함으로 시험을 이기게 하시고, 하나님이 주시는 시험을 잘 통과하여 영적으로 깊어지고 정신적으로 성숙하게 하소서. 남편이 어디에서 오는 시험인지를 분별할 수 있게 하시고, 말씀을 의지하여 시험을 물리치게 하소서. 때로는 피해야 할 시험도 있는데, 남편에게 지혜를 주셔서 시험에 맞서 싸우기보다 오히려 피할 길을 열어 주소서.

> 시련

시련을 당하는 남편을 도우소서

대저 의인은 일곱 번 넘어질지라도 다시 일어나려니와 악인은 재앙으로 말미암아 엎드러지느니라 잠 24:16

시련을 통해 저희를 단련시키시는 하나님! 하나님을 위해서 의롭고 성실하게 살려고 애쓰는 남편이 시련을 겪고 있습니다. 몸이 아프고, 경제적인 압박에 시달리며, 인간관계의 어려움을 당하면서 지금 하나님의 전능하심과 의로우심에 대해 의심까지 하고 있습니다. 하나님께 여러 번 매달려 기도했지만, 문제는 여전하고 어떻게 피할 수 없는 상황에 처해 있습니다. 이런 시련 가운데 믿음이 흔들리고 하나님께 나가는 것조차 망설이는 것을 보니 저 역시 고통스럽습니다. 남편을 불쌍히 여겨 주소서. 남편이 하나님 앞에 잘못한 것이 있다면 회개하게 하시고, 하나님께 나아가 자신의 내면에서 일어나는 생각과 의심과 절망을 토설할 수 있게 하소서. 내면의 갈등과 고통을 혼자만 삭힐 것이 아니라, 담대히 하나님 앞에 그 짐을 내려놓는 믿음을 주소서. 위로의 성령님께서 남편의 마음을 어루만져 주시고, 시련을 이길 수 있는 굳건한 믿음을 주소서. 남편이 시련을 통하여 정금같이 나오게 하소서.

> 연단

연단을 통하여 온전하게 하소서

이는 너희 믿음의 시련이 인내를 만들어 내는 줄 너희가 앎이라 인내를 온전히 이루라 이는 너희로 온전하고 구비하여 조금도 부족함이 없게 하려 함이라 약 1:3-4

저희를 온전하게 하시기 위하여 때로 연단하시는 하나님! 저희에게 당한 시험이 저희의 부족함과 연약함 때문인지, 저희의 악한 죄악 때문인지 먼저 돌아보아 회개하오니 용서하여 주소서. 하나님이 주신 것이라면 저희가 하나님 앞에 더욱 바로 서는 기회가 되게 하시고, 이 일을 통하여 저희의 믿음이 자라고, 하나님의 자녀로 설 수 있도록 도와주소서. 부모가 사랑하는 자녀를 징계하고 자녀의 성장을 기대하며 연단하는 것처럼, 연단 너머에 있는 하나님의 크신 사랑과 계획을 볼 수 있는 깊은 통찰력을 주소서. 남편이 연단을 통하여 잘 훈련된 성숙한 성품의 사람으로 서게 하소서. 남편에게 가정과 일터에서 받는 연단을 잘 참아 견딜 수 있는 인내를 주소서. 그리고 이 연단 가운데 계신 주님을 보게 하시고, 이것이 축복임을 알게 하소서. 연단이 고난이 아닌, 축복의 또 다른 얼굴임을 깨닫게 하소서. 연단 받는 동안 아픔과 고통을 기도로 승화시키며, 십자가의 주님을 바라보는 거룩한 남편이 되게 하소서.

> 실망

실망시키지 않는 하나님을 보게 하소서

여호와여 속히 내게 응답하소서 내 영이 피곤하니이다 주의 얼굴을 내게서 숨기지 마소서 내가 무덤에 내려가는 자 같을까 두려워하나이다 시 143:7

실망 중에 위로하시는 하나님! 실망 가운데 잠자리에 들더라도 성령님께서 대신 기도해 주셔서, 아침에는 소망 가운데 다시 일어나 시작하게 하심을 감사드립니다. 남편이 세상을 믿고 살지는 않지만 인간관계, 일터와 사업, 심지어 신앙생활에서도 자기의 기대와 다른 결과 때문에 실망을 하고 있습니다. 그래서 남편의 영혼이 피곤하여 기도할 힘조차 없는 듯 보입니다. 남편이 세상과 사람은 자신을 실망시켜도 주님만은 언제나 곁에서 지켜 주신다는 것을 믿게 하소서. 남편이 실망하는 내용들이 행여 헛된 욕망이나 기대로 인한 것은 아닌지 생각할 수 있는 마음의 여유를 주시고, 스스로 깨달아 알 수 있는 지혜도 주소서. 남편이 거룩한 삶을 추구하는 과정에서 오는 실망이라면 인자한 주님의 말씀을 듣게 하시고, 어떻게 행할 지를 알려 주소서. 남편이 다시금 힘을 내어 소망을 가지고 나아갈 수 있도록 격려하여 주소서. 모든 시선이 하나님만 향하게 하시고, 하나님만 의지하게 하시고, 언제라도 기도의 끈을 놓지 않게 하소서.

> 비판

남을 쉽게 판단하지 않게 하소서

남의 하인을 비판하는 너는 누구냐 그가 서 있는 것이나 넘어지는 것이 자기 주인에게 있으매 그가 세움을 받으리니 이는 그를 세우시는 권능이 주께 있음이라 롬 14:4

"남을 비판하기 전에 먼저 자신을 살피라"고 말씀하신 하나님! 남이 잘못하는 것을 볼 때마다 저희도 같은 잘못을 하고 있지는 않은지 스스로를 비춰보게 하소서. 가정에서도 자기중심적인 사고를 하거나 서로에게 과도한 기대를 하다가 그것이 충족되지 않으면 서로를 즉시 비판하곤 합니다. 비판은 상처를 주고 싸움을 부릅니다. 비판으로 상대방을 쉽게 변화시키려 하지만, 비판으로는 상대방을 변화시킬 수 없고, 오직 주님만이 변화시키실 수 있다고 믿습니다. 남편이 자신의 기준으로 다른 사람을 대하지 않게 하시고, 하나님의 관점에서 다른 사람을 바라볼 수 있는 마음의 여유를 갖게 하소서. 비판하기에 앞서 자신을 겸허히 돌아볼 수 있게 하시고, 먼저 상대방을 있는 모습 그대로 받아들일 수 있는 포용력을 주소서. 주님께서 친히 보여 주신 사랑과 용서의 힘이 정죄나 비판보다 강하다는 사실을 알게 하시고, 겸손함과 온유함으로 상대방의 단점을 지혜롭게 고쳐줄 수 있게 하소서.

다툼

다툼을 이길 평화를 주소서

분을 그치고 노를 버리며 불평하지 말라 오히려 악을 만들 뿐이라 진실로 악을 행하는 자들은 끊어질 것이나 여호와를 소망하는 자들은 땅을 차지하리로다 시 37:8-9

화평의 하나님! 제 남편이 어떤 상황에서도 다툼을 일으키는 가해자가 되거나 다툼의 피해자가 되지 않도록 지켜 주소서. 가정생활과 사회생활을 하면서 사람들과의 갈등이 늘 있겠지만, 그것이 다툼이나 싸움으로 번지지 않도록 심리적 완충장치와 마음의 여유를 주소서. 갈등의 소지가 있는 것은 충분한 대화를 통하여 사전에 건설적으로 해소하여 다툼으로 비화되지 않게 하소서. 반복적인 갈등이나 만성적인 불신이 분노와 미움, 그리고 언어폭력과 육체적인 폭력의 커다란 다툼으로 발전할 수 있음을 미리 인지하게 하소서. 갈등을 초래한 문제의 원인을 분석하면서 상대방을 비난하기보다 자신이 고칠 것을 찾게 하시고, 상대방의 잘못보다 자신의 책임을 찾는 사람이 되게 하소서. 남편이 분노하기보다는 화해하고, 불평하기보다는 격려하고, 불화하기보다는 화평을 이루는 하나님의 자녀가 되게 하소서. 남편이 넓은 마음을 가지고 다툼의 중재자, 문제의 해결자, 상처의 치료자가 되게 하소서.

분노

분노를 잘 조절하게 하소서

내 사랑하는 형제들아 너희가 알지니 사람마다 듣기는 속히 하고 말하기는 더디 하며 성내기도 더디 하라 사람이 성내는 것이 하나님의 의를 이루지 못함이라 약 1:19-20

성내는 것으로 하나님의 의를 이룰 수 없다고 하신 주님! 저희는 쉽게 화를 내면서 그것을 거룩한 분노 또는 의로운 분노라고 말할 때가 있습니다. 저희에게 거룩한 분노와 그렇지 않은 것을 분별할 수 있는 지혜를 주시고, 정당한 분노라도 적당하게 표출하는 방법을 가르쳐 주소서. 저희에게 분노를 잘 다스리고 관리하여 긍정적인 에너지로 쓸 수 있는 지혜를 주소서. 저희는 부당한 대우를 받을 때, 분노의 감정을 느낍니다. 남편이 사회생활을 하면서 느끼는 정당한 분노라도 이를 즉시 표출해서 문제를 더 크게 만들거나 죄를 범하지 않도록 자제하는 힘을 주소서. 불의를 보고 분노를 느낄 때에도 사랑의 동기를 유지하면서 불의를 바로 잡을 수 있도록 하소서. 남편이 건설적으로 분노를 표출하는 방식을 늘 견지하면서 성숙한 신앙인의 자세를 잃지 않게 하소서. 화가 나더라도 자신이 화났나는 사실을 인정하고, 즉각적인 반응보다 분노의 원인에 초점을 맞추면서 어떻게 반응할지를 지혜롭게 선택하게 하소서.

미움

마음에 이는 미움을 다스려 주소서

내 사랑하는 자들아 너희가 친히 원수를 갚지 말고 하나님의 진노하심에 맡기라 기록되었으되 원수 갚는 것이 내게 있으니 내가 갚으리라고 주께서 말씀하시니라 롬 12:19

원수조차 사랑하라고 하신 하나님! 저희는 배신을 당하거나 오해를 받을 때, 미움의 감정을 다스리기 어렵습니다. 그런데 어떻게 사랑하라고 하시는지 모르겠습니다. 지금 남편은 자신에게 피해를 준 사람 때문에 미워하는 감정을 추스를 수가 없습니다. 그래도 미워하는 마음을 오래 품지 않도록 살펴 주소서. 원수 갚는 것이 저희가 아닌 하나님께 있다고 하셨사오니 남편이 모든 것을 믿음으로 하나님께 맡기게 하소서. 미운 사람을 마음에 오래 품어 괴로워하거나 그로 인해 죄를 짓지 않게 하시고, 바로 하나님께 아뢰어 그것으로부터 자유로워지게 하소서. 그가 회개하고 용서를 빌면 좋겠지만, 끝까지 뉘우치지 않고 사과하지 않는다 하더라도 남편이 더 이상 피해를 입지 않게 하소서. 남편이 하나님께 기도할 때에 남편의 마음을 만져 주시고, 하나님의 사랑을 마음에 부어 주시어 평안을 주소서. 하나님께 맡김으로써 오히려 상대방이 변화되는 놀라운 역사도 경험하게 하소서. 할 수 있거든 남편이 모든 사람과 화평하게 하소서.

용서

용서함으로 이기게 하소서

서서 기도할 때에 아무에게나 혐의가 있거든 용서하라 그리하여야 하늘에 계신 너희 아버지께서도 너희 허물을 사하여 주시리라 하시니라 막 11:25

무한대로 용서해 주신 하나님! 남편이 용서하기 힘들 때에 자신이 하나님께 용서받은 것을 생각하게 하소서. 저희의 힘으론 누구도 용서할 수 없습니다. 저희 안에 하나님께 용서받은 은혜가 흘러넘칠 때, 하나님의 사랑으로 용서할 수 있음을 믿습니다. 남편이 상처 입은 자존심과 받은 부당한 대우 때문에, 지금 당장은 상대방을 용서하지 못하더라도, 마음을 닫거나 완악한 마음을 갖지 않게 도와주소서. 남편이 용서하지 않는 마음 때문에 괴로워하지 않게 하소서. 그리고 기도가 막혀서 하나님과의 관계가 멀어지지 않게 하소서. 자기의 입장에서 보는 자기중심적인 태도에서, 상대방의 입장에서 그의 의도와 말과 행동을 볼 수 있는 넉넉한 마음도 주소서. 단순한 실수라면 남편에게 용납할 수 있는 아량을 주소서. 남편이 양보함으로써 원만하게 해결될 수 있는 일이라면 피해자의 입장에서 먼저 손을 내밀게 하소서. 져주면서 이기는 법도 배우게 하시고, 상대의 마음을 감동시킴으로 진정한 변화가 오도록 하소서.

걱정

걱정할 시간에 기도하게 하소서

사람을 두려워하면 올무에 걸리게 되거니와 여호와를 의지하는 자는 안전하리라 잠 29:25

모든 걱정과 근심을 맡아 주시는 하나님! 만약 하나님이 계시지 않는다면 걱정해야 할 일이 얼마나 많겠습니까? 그러나 하나님이 살아 계시고 그 하나님이 저희의 아버지가 되시기에 아무것도 걱정하지 않겠습니다. 저희에게 믿음을 주시고, 걱정 대신 기도하게 하소서. 눈에 보이는 환경과 앞날에 대한 불확실함 때문에 막연하게 걱정하지 않게 하소서. 오직 전능하신 하나님 아버지를 믿고 온전히 맡길 수 있게 하소서. 걱정할 상황이 눈앞에 펼쳐질 때, 남편이 두려움에 사로잡히지 않고 하나님께 기도하는 믿음의 사람이 되게 하소서. 걱정할 시간에 더 많이 기도하게 하소서. 환난과 고통의 순간에도 그 상황 속에 계신 하나님을 볼 수 있는 안목을 열어 주소서. 일을 잘할 수 있을지, 사람들이 인정을 해줄지 이런저런 앞날에 대한 걱정 대신 이전에 도와주신 하나님의 역사를 기억하고 하나님을 의지하며 담대히 나아가게 하소서. 하나님이 함께 하시고, 많은 사람들이 남편을 위하여 기도하고 있다는 것을 기억하고 힘을 내게 하소서.

> 염려

모든 염려를 주님께 맡기게 하소서

그러므로 우리가 담대히 말하되 주는 나를 돕는 이시니 내가 무서워하지 아니하겠노라 사람이 내게 어찌하리요 하노라 히 13:6

"모든 염려를 내게 맡기라"고 말씀하시는 하나님! 염려의 감정은 분명 저희가 소중히 여기는 것들에 대한, 다가올 위협을 미리 앞당겨 걱정하는 불안심리입니다. 남편이 앞날을 계획하는 것은 좋지만, 그렇다고 미리 앞질러 걱정하는 염려증에 걸리지 않게 도와주소서. 저희는 미래를 예측할 능력도 없고, 모든 위협을 막아낼 능력도 없습니다. 저희의 미래는 오직 하나님의 손에 달려 있습니다. 남편이 이를 인식하고 믿음으로 미래를 주님께 맡기고, 현재 할 수 있는 일에 최선을 다하게 하소서. 염려하기보다 다가올 위협으로부터 자신과 가족을 보호하기 위해 할 수 있는 작은 일에 충실하게 하소서. 나머지는 하나님께서 하실 줄 믿습니다. 남편이 하나님안에 거할 때 소망이 있습니다. 염려하지 말고 기도하게 하소서. 남편이 용기를 내어 하나님을 신뢰하고 나아갈 때, 모든 난관이 해결될 줄 믿습니다. 이것은 단순히 낙관적인 신앙이 아니라, 하나님의 말씀을 신뢰하는 믿음이요, 하나님께 의탁하는 성숙한 믿음임을 알게 하소서.

유혹

모든 유혹으로부터 지켜 주소서

네 발이 행할 길을 평탄하게 하며 네 모든 길을 든든히 하라 좌로나 우로나 치우치지 말고 네 발을 악에서 떠나게 하라 잠 4:26-27

유혹을 물리칠 수 있는 힘을 주시는 하나님! 남편을 세상의 모든 유혹으로부터 보호해 주소서. 이 땅에는 선정적이고 매혹적이고 유혹적인 온갖 세속 문화가 널려 있습니다. 음란, 포르노그래피, 마약, 알코올, 도박, 좋지 않은 인터넷 사이트 등이 다양한 모습으로 남편의 마음과 육체에 침투하려 하오니, 이런 것들로부터 남편을 지켜 주소서. 남편이 자신의 약점과 숨겨진 유혹의 위험을 알게 하소서. 그래서 유혹이 오는 통로와 장소에서 피하게 하소서. 하나님께서 피할 길을 열어 주시고 상황에 맞게 물리칠 수 있는 지혜를 주소서. 더욱이 유혹에 빠지지 않도록 애쓰기보다 오히려 적극적으로 성령 충만한 사람이 되어, 사탄이 틈을 타지 못하게 하소서. 성령의 열매가 남편의 성품과 행위에 충만하여 유혹이 그를 넘보지 못하게 하소서. 매일 말씀으로 시작하고 기도로 깨어 있어서 유혹에 넘어가지 않게 하소서. 남편이 하나님이 사랑하시고 기뻐하시는 아들이라는 건강한 자화상과 자존감으로 모든 유혹을 이기게 하소서.

> 정욕

정욕에 이끌리지 않게 하소서

음행을 피하라 사람이 범하는 죄마다 몸 밖에 있거니와 음행하는 자는 자기 몸에 죄를 범하느니라 고전 6:18

몸으로 하나님께 영광을 돌리라 명하신 주님! 저희의 몸은 저희 것이 아니라, 하나님의 성령이 거하시는 성전임을 믿습니다. 남편이 온 마음과 영혼과 육체를 다하여 하나님께 영광을 돌리게 하소서. 그러나 세상에서 육체를 지니고 사는 동안, 육신의 정욕과 안목의 정욕에서 완전히 벗어날 수 없습니다. 성령님이 지켜 주시고 하나님의 말씀에 사로잡혀야만 정욕의 죄를 피할 수 있음을 믿습니다. 남편이 성적인 유혹에 넘어가지 않도록 지켜 주소서. "청년의 정욕을 피하라"는 말씀이 있지만, 아무리 나이가 들어도 정욕은 피할 수 없는 죄인 줄 압니다. 만일 특정한 사람에게서 느끼는 매력 때문에 죄를 지을 가능성이 있다면, 그 환경을 적극적으로 바꾸거나 피할 방법을 강구하게 하소서. 음행하는 자는 몸으로 죄를 짓는다고 하셨사오니, 저와 한 몸을 이룬 남편이 이런 올무에 빠지지 않게 보호하소서. 결혼생활 안에서의 순결한 성적 만남으로 저희 부부가 온전한 사랑을 하게 하소서.

> **나태**

나태함을 멀리하게 하소서

게으른 자의 욕망이 자기를 죽이나니 이는 자기의 손으로 일하기를 싫어함이니라 어떤 자는 종일토록 탐하기만 하나 의인은 아끼지 아니하고 베푸느니라 잠 21:25-26

자기 손의 열매를 먹게 하시는 하나님! 하나님은 저희가 이 땅에서 수고하고 땀을 흘려야만 먹고 산다고 하셨습니다. 남편이 요행을 바라지 않게 하시고, 일하지 않고 먹고 사는 사람을 부러워하지 않게 하소서. 자신에게 할 일을 주신 하나님께 감사하며, 자신이 수고한 열매를 먹는 것을 자랑스럽게 여기게 하소서. 남편이 자신의 삶을 적극적이고 열정적으로 경영하는 부지런한 사람이 되게 하소서. 어디서든지 부지런하여 남들보다 앞서가게 하시고, 솔선수범함으로 남들을 이끌어 주는 사람이 되게 하소서. 가정에 필요한 모든 것을 공급할 수 있을 뿐 아니라, 다른 사람들을 돕기 위해서도 부지런히 뛰게 하소서. 주도적으로 살아가는 남편의 이런 삶의 태도가 고스란히 자녀들에게도 전달되어 자녀들이 성실하고 독립적이게 하소서. 행여나 게으르고 미루는 나태한 삶의 모습이 자녀들에게까지 악영향을 미쳐서 의존적이고 무책임한 자녀를 만들지 않도록, 남편이 좋은 본을 보이게 하소서. 근면하고 성실한 아버지를 자녀들이 존경하고 따르는 행복한 가정이 되게 하소서.

중독

모든 종류의 중독을 끊으소서

모든 것이 내게 가하나 다 유익한 것이 아니요 모든 것이 내게 가하나 내가 무엇에든지 얽매이지 아니하리라 고전 6:12

모든 결박을 푸시는 하나님! 남편이 하나님보다 더 좋아하는 것이 없게 하시고, 하나님 외에 어떤 것에도 빠지지 않게 하소서. 모든 것을 할 수 있도록 주신 자유가 방종으로 치우치지 않게 도와주소서. 어떤 사람은 무슨 일이나 물질에 지나치게 탐닉함으로, 그것이 일중독, 알코올 중독, 성 중독, 게임 중독, 도박 중독, 마약 중독으로 나타납니다. 남편이 평생 이런 중독에 빠지지 않게 하소서. 흔히 열등감에 시달리거나 완벽주의를 지향하는 사람이 일중독에 빠진다고 하는데, 혹여 남편이 일을 도피처 삼아 일중독에 빠지지 않게 도와주소서. 남편의 존재 자체만으로 존귀하며 가족들에게 존경과 사랑을 받고 있다는 것을 항상 잊지 않게 하소서. 마약이나 알코올 중독으로부터 남편을 보호하소서. 자신의 고통을 내면화하는 방편으로 자신을 파괴하는 어리석음을 저지르지 않게 하소서. 중독으로 인해 남편이 가족들을 육체적, 정서적으로 무시하고 학대하지 않도록 도와주소서. 남편의 중독으로 가족들에게 연민, 분노, 수치심, 혐오감 같은 고통을 유발하지 않게 하소서.

이전의 아픈 상처를 치유하여 주소서

너희는 이전 일을 기억하지 말며 옛날 일을 생각하지 말라 사 43:18

지난날의 상처를 치유해 주시는 하나님! 이 세상에 상처 없는 사람이 없지만 그 상처를 평생 안고 살아간다면 얼마나 안타깝습니까? 특별히 억울하게 받은 상처는 쉽게 낫질 않고 현재의 삶에도 악영향을 미칩니다. 남편이 과거에 받은 상처 때문에 아직도 아파하고 삶에 좋지 않은 영향을 받고 있다면, 이를 즉시 제거하여 주소서. 남편이 하나님 앞에서 편안하게 그 상처를 기억하고, 그 상처를 드러냄으로써 치유를 경험하게 하소서. 무엇보다 하나님께 토설하여 위로와 치유를 받게 하소서. 남편이 제가 알지 못하는 여러 상황에서 어떤 상처를 받고 있는지 저는 모릅니다. 남편이 비록 드러내지 않더라도 머리카락까지 세시는 하나님께서 내면의 생채기, 무의식 속에 자리 잡은 상처까지 밝히 끄집어내셔서 치료하여 주소서. 남편이 자신의 상처를 담대히 대면하여 치유를 받게 하소서. 또한 남들로부터 받는 상처를 상처로 받아들이지 않을 담대함과 여유로운 마음도 갖게 하소서.

완악함

완악한 마음을 제거하시고 부드러운 마음을 주소서

또 새 영을 너희 속에 두고 새 마음을 너희에게 주되 너희 육신에서 굳은 마음을 제거하고 부드러운 마음을 줄 것이며 겔 36:26

마음의 완악함을 미워하시는 하나님! 저희는 마음을 완악하게 했던 바로가 어떻게 되었는지 성경에서 똑똑히 보았습니다. 하나님의 말씀을 들을 때, 부드러운 마음을 주셔서 저희가 즐겁게 순종하게 하소서. 남편의 마음 밭이 길가와 같지 않고 잘 기경된 옥토가 되어 말씀의 씨앗이 뿌려질 때 100배의 결실을 맺게 하소서. 남편이 세상의 세파에 시달려 마음의 여유가 없어짐으로 어렵고 힘든 사람들을 보고도 야박하게 그냥 지나치지 않게 하소서. 성령님께서 남편에게 새 마음을 주셔서 약한 자들의 소리에 귀를 기울이고 그들을 배려하고 돌보게 하소서. 남편이 어떤 경우에도 가족들에게 마음을 닫지 않게 하시고, 열린 마음으로 서로 이해하며 살게 하소서. 자녀들이 실수하고 잘못할 때, 완고함으로 자녀들의 마음을 다치게 하거나 가족관계가 단절되지 않게 하소서. 오직 좋은 말로 권면하고 사랑하게 하소서. 남편에게 아내나 자녀들의 마음까지도 헤아릴 수 있는 넓은 아량을 주소서.

회개

회개의 열매를 맺게 하소서

내 이름으로 일컫는 내 백성이 그들의 악한 길에서 떠나 스스로 낮추고 기도하여 내 얼굴을 찾으면 내가 하늘에서 듣고 그들의 죄를 사하고 그들의 땅을 고칠지라 대하 7:14

회개하는 자를 기뻐하시는 하나님! 자기의 죄를 회개하고 주님께 돌아오면 언제라도 용서하시고 회복시키시는 하나님께 감사드립니다. 예수님을 구주로 모신 남편이 하나님의 자녀다운 삶을 살게 하시고, 살면서 알게 모르게 짓는 잘못에 대하여 즉각적으로 회개하게 하소서. 죄를 부인하거나 핑계를 대거나 마음을 완악하게 하는 것이 아니라, 자신의 연약함과 부족함을 내려놓고 회개하게 하소서. 남편이 욕심이나 교만, 거짓이나 남용으로 인한 잘못도 수시로 주님께 회개하여 정결함을 유지하게 하소서. 하나님 앞에는 어떤 것도 숨길 수 없사오니, 성령님이 깨닫게 하시는 은밀한 죄까지 모두 자복하고 회개하게 하소서. 겸손히 회개하며 나아가 기도로 하나님을 찾으면, 하나님께서 죄를 용서해 주실 뿐 아니라, 모든 것을 회복시켜주실 줄 믿습니다. 성령님이 속에서 탄식하시는 것을 예민하게 느끼게 하시고, 작은 잘못까지 모두 인정하고 회개하여 성결한 심령을 가지게 하소서. 삶에서 회개에 합당한 열매를 맺게 하소서.

4부
부부가 함께 드리는 기도문

"사랑은 우리 마음속에 있는 신성하고도
영적인 존재를 깨달음으로써 생기는 마음입니다."
톨스토이

결혼기념일에 드리는 결혼언약 기도문

그러므로 사람이 부모를 떠나 그의 아내와 합하여 그 둘이 한 육체가 될지니 엡 5:31

저희를 부부로 맺어 주신 하나님! 저희가 기쁨의 결혼기념일을 맞게 해 주셔서 감사드립니다. 이 세상의 수많은 사람들 가운데 가장 적합한 사람을 함께 할 동반자로 세워 주셔서 지금까지 행복하고 은혜로운 시간을 보내게 하심을 감사드립니다. 저희가 하나님의 선하시고 기쁘시고 온전하신 뜻을 이루는 부부가 되게 하소서. 하나님과 부모님, 그리고 많은 증인들 가운데 언약하였던 것을 항상 기억하게 하셔서 충성스럽고 진실하게 언약을 지키게 하소서. 삶의 질곡과 감정의 고저, 상황의 변화에도 변함없이 배우자를 사랑하고 존중하며 배우자에 대한 신의와 신실함을 지키게 하소서. 앞으로도 계속 사랑하며 사랑받고, 이해하며 이해받고, 용서하며 용서받고, 섬기며 섬김받는 상호 존중의 삶을 살게 하소서. 부부 생활을 통하여 서로의 자아가 더욱 확장되며, 나날이 더욱 행복해지게 하소서. 결혼 언약의 줄이 자유를 속박하는 것이 아니라, 가정을 보호하고 가정 천국으로 인도함을 깨닫고, 기쁨으로 서로를 위한 짐을 지게 하소서. 결혼식 때 가졌던 열정과 사랑을 항상 간직하게 하소서.

배우자 생일에 드리는 기도문

내가 여호와의 명령을 전하노라 여호와께서 내게 이르시되 너는 내 아들이라 오늘 내가 너를 낳았도다 시 2:7

🪶

평생에 함께 할 반려자를 허락하신 하나님! 오늘 '돕는 배필'로 주신 아내/남편의 생일을 맞게 해 주셔서 감사드립니다. 아내/남편을 이 세상에 있게 하신 하나님과 부모님께도 감사드립니다. 항상 저희가 감사하며 사랑하며 귀하게 여기며 살도록 축복하여 주소서. 그녀/그가 태어날 때는 많은 사람들의 사랑과 관심 가운데 태어났지만, 저와 결혼하여 살아오면서 때로는 자신을 희생하며 분주하게 살아왔습니다. 오늘은 저의 배우자가 얼마나 소중한 존재이며 그녀/그로 인해 가정이 얼마나 큰 복을 받았는지, 제가 얼마나 감사하며 사랑하고 있는지 마음으로 표현하고 싶습니다. 오늘만큼은 무거운 짐을 내려놓고 마음 편하게 쉬며, 가족들의 존중과 사랑과 관심을 받게 하소서. 지금까지 묵묵히 많은 역할과 수고를 감당했고, 그녀/그의 수고로 인해 온 가족이 행복했고 평안했습니다. 오늘 그녀/그의 존재의 소중함과 위대함을 다시 감사하오니, 그녀/그에게 하나님의 넘치는 사랑과 은혜를 부어 주소서. 더욱 건강하고 복되게 살게 하소서.

배우자 부모가 돌아가셨을 때

형제들아 자는 자들에 관하여는 너희가 알지 못함을 우리가 원하지 아니하노니 이는 소망 없는 다른 이와 같이 슬퍼하지 않게 하려 함이라 살전 4:13

🪶

인간의 생사화복을 주관하시는 하나님! 오늘 아내/남편의 아버님/어머님이 하나님의 부르심을 받았습니다. 그분은 또한 저의 아버님/어머님이기도 합니다. 성령님의 위로하심이 제 아내/남편에게 넘치게 하소서. 지금 주님의 품 안에 그분의 영혼이 있음을 믿습니다. 그분의 영혼을 받아 주시고 영원한 안식을 얻게 하소서. 주 안에서 죽은 자는 복되다 하셨사오니, 비록 헤어지는 아픔과 못다 한 사랑에 대한 섭섭함이 있지만, 믿지 않는 자들처럼 절망하지는 않게 하소서. 믿는 자는 죽음이 끝이 아니오, 영원한 생명으로 들어가는 과정이라는 것을 알게 하소서. 그래서 슬픔이 우리를 지배하지 못하게 하소서. 이제는 육신의 눈으로는 뵐 수 없지만, 저희가 사는 동안 그분을 마음에 늘 모시고 살게 하소서. 고인이 남기신 귀한 선물들과 믿음의 유산들을 잘 이어받게 하시고, 그분의 기도대로 살다가 언젠가 하나님 앞에서 영광스럽게 만나게 하소서. 모든 유족을 위로해 주시고, 소망 가운데 모든 장례 절차를 진행히여 하나님께 영광을 돌리고, 많은 사람들에게 은혜를 끼치게 하소서.

배우자가 투병할 때

여호와께서 그를 병상에서 붙드시고 그가 누워 있을 때마다 그의 병을 고쳐 주시나이다 시 41:3

저희의 연약한 체질을 아시는 하나님! 저희는 땅의 먼지로 빚어진 인생들이기에, 부러지고 깨지기 쉽습니다. 한 뼘 길이밖에 되지 않는 생명이기에, 뜨거운 바람이 불면 시들어가는 들꽃 같습니다. 하나님이 붙들어 주시지 않으면 하루도 살아갈 수가 없습니다. 지금 아내가/남편이 병마와 싸우고 있습니다. 그녀/그를 붙잡아 주시고 이 연단의 세월을 견디내게 하소서. 예수님께서 저희의 질고를 대신 짊어지시고 저희의 슬픔을 당하셨음을 믿습니다. 예수님의 보혈의 은혜로 아내/남편의 질병을 고쳐 주소서. 성령으로 안수하여 주셔서 머리끝에서 발끝까지 깨끗하게 치료하여 주소서. 건강한 몸을 회복하여 하나님 앞에 감사하며 건강한 몸으로 주님을 섬길 수 있는 기회를 주소서. 하나님은 저희를 지으셨기에 저희의 모든 병을 아시고, 능히 치료하실 줄로 믿습니다. 주님의 생명력과 치유력을 더하여 주시고 몸에 면역력을 주셔서 육신이 속히 회복되게 하소서. 치료하시는 하나님을 앙망하오니, 치료의 광선을 비추어 주셔서 외양간을 나온 송아지처럼 뛰게 하소서.

재정적인 문제가 있을 때

나의 하나님이 그리스도 예수 안에서 영광 가운데 그 풍성한 대로 너희 모든 쓸 것을 채우시리라 빌 4:19

만유를 창조하시고 모든 것의 주인되시는 하나님! 언제나 일마다 때마다 저희를 도와주시고, 모든 필요를 채워 주시는 하나님 아버지를 믿습니다. 그런데 이렇게 풍성하신 하나님을 아버지로 섬기는 저희가 현재 재정적으로 어려운 상황 가운데 있습니다. 저희는 "젊은 사자는 굶주릴지라도 여호와를 찾는 자는 모든 좋은 것에 부족함이 없다"는 말씀을 믿습니다. '때를 따라 돕는 은혜'를 주실 하나님께, 저희의 걱정과 염려를 내려놓습니다. 하늘의 보물창고를 여셔서 물질의 필요를 채워 주시고, 저희가 하는 사업에 복을 내려 주소서(신 28:12). 주님의 풍성함을 따라 저희의 모든 쓸 것을 채워 주소서. 재정적 곤란 때문에 다른 사람에게 꾸지 않게 하시고, 물질에도 매이지 않게 하소서. 도리어 물질의 주관자 되신 하나님을 체험함으로 물질을 다스리고 베푸는 자가 되게 하소서. 지금은 저희들의 재정문제로 기도하지만, 앞으로는 하나님 나라와 어려움을 겪는 사람들을 위해 물질을 드리고 쓸 수 있는 가정이 되게 하소서.

사업에 위기가 닥쳤을 때

이에 그들이 그들의 고통 때문에 여호와께 부르짖으매 그가 그들의 고통에서 그들을 구원하시되 그가 그의 말씀을 보내어 그들을 고치시고 위험한 지경에서 건지시는도다 시 107:19-20

에덴을 창설하시고 관리자로 인간을 세우신 하나님! 저희에게도 복된 사업을 허락하셔서 그 일을 통하여 하나님 나라를 확장하고 하나님의 영광을 나타내라고 하신 것을 믿습니다. 사업을 하면서 크고 작은 위기와 시련을 만날 때마다 하나님께 먼저 간절하게 기도하면서 도움을 구하고 그때마다 도와주셔서 감사드립니다. 지금 여러 가지 상황으로 사업에 위기가 닥쳤지만, 하나님이 도우심으로 말미암아 저희의 잠재 역량을 끌어내게 하시고, 더욱 좋은 기회를 만들게 하소서. 사업이 어려운 상황에 놓이더라도 두려움 때문에 시야가 좁아지거나 위축되지 않게 하소서. 마음이 분주하고 어수선할 때, 환경을 보거나 남을 탓하지 않게 하시고, 하늘을 우러러 하나님께 기도하게 하소서. 세상 만물을 움직이실 수 있는 분, 바다의 풍부와 땅의 부요함을 이끌어 내실 수 있는 분께 울부짖습니다. 지혜와 통찰의 빛을 비추어 주시는 주님, 저희에게 말씀하여 주셔서 해결의 열쇠를 발견하게 하소서. 주님의 도우심으로 재정적인 어려움에서 속히 벗어나게 하소서.

재난이나 사고를 당했을 때

내가 산을 향하여 눈을 들리라 나의 도움이 어디서 올까 나의 도움은 천지를 지으신 여호와에게서로다 시 121:1-2

우주를 섭리하시고 운행하시는 창조주 하나님! 인생의 생사화복이 모두 주님 손에 달렸사오니, 저희의 방패와 피난처가 되어주셔서 모든 환난으로부터 저희를 지켜 주소서. 많은 재난과 위험이 주변에 도사리고 있습니다. 하늘에서든 땅에서든 땅 아래에서든 이 세상에는 절대적인 안전지대가 없습니다. 그러나 "하나님은 우리의 피난처시요 힘이시니 환난 중에 만날 큰 도움"(시 46:1)이라고 하셨사오니, 저희는 오직 하나님만 바라봅니다. 그동안 저희가 미처 깨닫지 못하고 지나친 많은 위험으로부터 저희를 지켜주셔서 감사드립니다. 이처럼 앞으로도 저희의 안전과 평안을 보장해 주실 것을 믿습니다. 하나님의 오른손으로 저희를 붙들어 주시고, 재난을 당한 저희를 도와주소서. 피조물이나 사람들, 수단과 도구들, 혹은 저희 자신의 힘을 의지하지 않게 하시고, 오직 하나님만을 의지하게 하소서. 저희를 눈동자 같이 살피시는 하나님, 저희를 주님의 그늘 아래 숨겨 주시고, 어려움이 지나갈 때까지 저희를 품어 주소서. 저희가 당한 재난과 사고를 속히 해결하여 주셔서 저희를 근심과 걱정에서 건져 주소서.

가족이 멀리 떨어져 지내야 할 때

서로 분방하지 말라 다만 기도할 틈을 얻기 위하여 합의상 얼마 동안은 하되 다시 합하라 이는 너희가 절제 못함으로 말미암아 사탄이 너희를 시험하지 못하게 하려 함이라 고전 7:5

인간이 독처하는 것을 안타까워 하셔서 가정을 창조하신 하나님! 형제가 연합하여 동거함이 아름답듯, 가족이 함께 어우러져 사는 것이 참으로 아름답습니다. 그러나 지금 저희 가족이 형편상 얼마 동안 떨어져 지내게 되었습니다. 이 기간이 길어지지 않게 하시고, 지혜와 믿음을 활용하여 우선순위를 잘 정하게 하시고, 다시 합하여 살아갈 길을 발견하게 하소서. 세상의 성공이나 자식의 교육을 위해 가정의 소중함을 희생하지 않게 하시고, 가족이 함께 사는 기쁨을 누리게 하소서. 불가불 잠시 동안 몸이 멀리 떨어져 지내야 하는 경우에도 마음은 언제나 함께 있게 하여 주소서. 눈으로는 보지 못해도 마음으로 더욱 가까워지게 하시고, 가족을 향한 그리움과 사랑의 불꽃이 시들지 않게 하소서. 서로를 위해 기도하면서 서로에 대한 믿음과 정절을 지키게 하소서. 어느 곳에 있든지 절제의 마음을 주셔서 유혹과 방탕으로부터 보호하여 주소서. 하나님 앞에서 더욱 성숙한 모습으로 만날 것을 소망하며 하나님께 대한 충성과 헌신으로 외로움을 극복하게 하소서.

앞날에 대한 결정을 내려야 할 때

그리하면 여호와 그가 네 앞에서 가시며 너와 함께 하사 너를 떠나지 아니하시며 버리지 아니하시리니 너는 두려워하지 말라 놀라지 말라 신 31:8

인생의 길을 아시고 그 길을 지도하시는 하나님! 지금까지 저희를 선하고 아름다운 길로 인도하여 주셔서 감사드립니다. 지금 저희는 새로운 도전과 일 앞에서 저희의 부족함과 미래의 불확실성 때문에 어떻게 해야 할지 몰라 망설이고 있습니다. 아브라함이 갈 바를 모를 때에 믿음으로 주님의 인도하심에 순종하였던 것처럼, 저희도 주님의 인도하심을 따르기 원합니다. 주님이 말씀으로 원하시는 길을 알려 주시고, 믿음으로 결단할 수 있는 용기를 주소서. 저희는 인생의 길을 여시는 하나님을 의지하여, 저희를 위하여 예비하신 길로 나아가기를 원합니다. 하나님이 저희보다 앞서가시고 곁에서 도우신다는 것을 믿고 아무것도 두려워하지 않겠습니다. 하나님이 복 주시고 인정하시고, 하나님이 기뻐하시는 길로 나아가게 하소서. 이 결정이 장래에 하나님의 큰 뜻을 이루는 발걸음이 되게 하소서. 어디로 가든지 무슨 결정을 내리든지 하나님이 함께 하실 줄 믿습니다.

이혼의 위기 앞에서

이스라엘의 하나님 여호와가 이르노니 나는 이혼하는 것과 옷으로 학대를 가리는 자를 미워하노라 만군의 여호와의 말이니라 그러므로 너희 심령을 삼가 지켜 거짓을 행하지 말지니라 말 2:16

에덴에서 가정 제도를 창설하신 하나님! 하나님은 부부가 연합하여 한 몸을 이루게 하셨고, 그 안에서 부족한 부분은 서로 보완하며 온전해지도록 하셨습니다. 그런데 서로 사랑하여 결혼을 한 저희가 지금 어디서부터 무엇이 잘못되었는지, 서로를 탓하며 결혼을 후회하는 지경에까지 이르게 되었습니다. 하나님은 이혼을 미워하신다고 하셨사오니, 저희가 이혼을 문제해결 방법으로 생각하지 않게 하소서. 주님이 맺어 주신 한 몸을 강제로 나누려는 마음을 없애 주소서. 세속의 문화는 불륜과 이혼을 당연시하고 미화시키지만, 하나님의 뜻을 구하며 살아가는 저희 가정은 다르게 하소서. 저희 부부의 갈등을 해결함에 있어 먼저 자신을 성찰하게 하시고, 자신의 잘못을 깨달아 서로 용서를 구하게 하소서. 세상에 완벽한 사람은 없사오니, 진심어린 사과를 받아들이고, 더 나은 미래를 위하여 용서하는 마음을 주소서. 그간 서로 상처를 주고 아픔을 주었던 것을 회개하오니, 이제는 거기에서 벗어나게 하시고, 주님의 사랑으로 용서하고 화해할 수 있도록 도와주소서.

성적 불륜을 저질렀을 때

모든 사람은 결혼을 귀히 여기고 침소를 더럽히지 않게 하라 음행하는 자들과 간음하는 자들을 하나님이 심판하시리라 히 13:4

한 남자와 한 여자가 사랑으로 연합하여 한 몸을 이루게 하신 하나님! 저희에게 한 몸을 이룰 배우자를 허락하여 주셔서 감사드립니다. 하나님이 선물로 주신 성은, 오직 부부 사이에만 배타적으로 사용하라고 주신 것이고, 서로의 기쁨과 사랑을 나누는 거룩한 것임을 압니다. 한 몸이 된 저희 두 사람이 결혼을 귀히 여기고 침소를 더럽히지 않게 하소서. 서로에 대한 정절의 의무를 지키게 하여 주소서. 하나님이 주신 성을 하나님의 뜻에 맞게 사용하지 않으면, 오히려 큰 아픔을 겪게 된다는 것을 압니다. 그런데 주님, 애석하게도 제가/배우자가 성적인 불륜을 저지르고 말았습니다. 마음으로 음욕을 품는 것만으로도 간음하는 것이고, 간음은 우상숭배와 같은 중한 죄에 해당한다는 주님의 말씀을 알고도, 육신의 정욕에 빠져 범죄하였습니다. 배우자에게뿐 아니라 하나님께 죄를 지었사오니 용서하여 주소서. 성적으로 불륜을 저지른 배우자로 하여금 회개하게 하시고, 자신이 어떤 무서운 일을 범였는지 자각하게 하시며, 내면에 탄식하는 성령님의 음성을 듣게 하소서.

휴가를 떠날 때

수고하고 무거운 짐 진 자들아 다 내게로 오라 내가 너희를 쉬게 하리라
마 11:28

저희에게 일과 더불어 쉼을 주시는 주님! 분주한 일상과 고달픈 노동의 과정을 잠시 중단하고 주님이 주시는 안식을 얻게 해 주셔서 감사드립니다. 저희가 안식하는 동안, 저희의 생업을 맡아 주시고, 새로운 활력을 얻어 돌아올 때까지 저희를 지켜 보호하여 주소서. 그동안 소모된 체력과 소진된 감정 에너지를 회복시켜 주시고, 영적인 활력도 다시 찾을 수 있게 도와주소서. 모처럼의 즐거운 시간을 통하여 가족 간에 사랑과 유대가 강화되게 하시고, 서로에게 더욱 가까이 다가가는 친밀한 교제의 시간도 갖게 하소서. 휴가 중에 저희를 각종 사고로부터 지켜 주시고, 즐거운 마음으로 온전히 쉬면서 재충전할 수 있는 여건을 허락해 주소서. 일상의 모든 근심에서 벗어나게 하시고, 하나님이 창조하신 세상의 경이로움을 보게 하시며, 그동안 알지 못했던 새로운 경험도 할 수 있게 하소서. 휴가를 통하여 얻은 에너지와 아이디어로 더욱 새롭게 일할 수 있도록 창조적인 쉼을 누리게 하소서.

출장을 떠날 때

여호와께서 너의 출입을 지금부터 영원까지 지키시리로다 시 121:8

세상을 아름답고 경이롭게 창조하신 하나님! 저희에게 "생육하고 번성하고 땅에 충만하라"고 하신 말씀을 믿고 이제 하나님이 섭리하시는 일을 발견하고 새로운 세상을 개척하고자 길을 나섭니다. 이 길에 주님께서 함께 하셔서 일마다 때마다 도와주시는 하나님을 경험하게 하시고, 주님의 역사로 저희의 지경이 넓어지게 하소서. 미지의 세계에 대한 기대와 믿음을 가지고 나아가오니, 만날 사람을 만나게 하시고 계획한 일보다 더한 것을 이루게 하소서. 경로상 유무형의 모든 위험에서 지켜 주시고, 출입할 때에 건강을 지켜 주시며, 모든 교통편 위에 안전을 보장하여 주소서. 하나님이 동행하심으로 나가나 들어가나 복을 받게 하시고, 진행하는 모든 일이 하나님이 주시는 지혜와 능력으로 형통하게 하소서. 어느 곳에 가든지 환영을 받게 하시고, 만나는 사람들에게 은혜를 입게 하소서. 서로에게 상생하는 길을 모색하게 하시고, 블루오션을 개척하여 하나님이 예비하신 것들을 경험하게 하소서. 돌아올 때는 목적을 초과 달성하게 하셔서 감사로 출장을 마무리 하게 하소서.

우울증이 밀려올 때

내 영혼아 네가 어찌하여 낙심하며 어찌하여 내 속에서 불안해 하는가 너는 하나님께 소망을 두라 그가 나타나 도우심으로 말미암아 내가 여전히 찬송하리로다 시 42:5

영혼의 햇빛이신 하나님! 저희 마음에 어두움이 밀려와 자리하지 못하도록 밝고 명랑한 주님의 빛을 비추어 주소서. 힘쓰던 모든 일이 잘되지 않고, 노력한 것에 대해 정당한 대가가 주어지지 않으며, 아무 잘못 없이 부당한 대우를 받을 때, 저희도 모르게 실망감이 상실감으로, 그리고 박탈감으로 발전하여 저희를 우울하게 합니다. 미래의 전망이 불투명하게 보이고, 자신의 능력에 대해 회의하게 되고, 삶의 의미를 발견하지 못할 때, 우울증이 찾아옵니다. 이때 감정이 저희에게 말하는 것에 귀를 기울이기보다는, 저희가 마음에 분명하게 말하게 하소서. "내 영혼아 네가 어찌하여 낙심하며 어찌하여 내 속에서 불안해 하는가 너는 하나님께 소망을 두라!" 이때에 하나님께서 이전에 저희를 위해서 행하셨던 일들을 기억하게 하시고, 오히려 목소리 높여 하나님을 찬양하게 하소서. 내면의 아우성을 잠잠하게 하시고, 오직 주님만을 바라게 하소서. 자신을 독려하여 우울증의 늪에서 나오게 하시고, 분명한 정체성과 밝고 긍정적인 자화상을 가지고 믿음으로 나아가게 하소서.

좋은 아버지가 되기 위하여

또 아비들아 너희 자녀를 노엽게 하지 말고 오직 주의 교훈과 훈계로 양육하라 엡 6:4

귀하고 복된 자녀를 허락하신 하나님! 전통에 화살이 가득한 자와 같이, 제 자녀가 하나님이 제게 주신 기업이요 복인 줄 믿습니다. 아이를 하나님이 맡겨 주신 선물로 알고, 하나님의 뜻을 따라 하나님이 기뻐하시는 존재로 양육하게 하소서. 제게 자녀 양육에 필요한 모든 것을 채워 주셔서 물질적, 정신적, 영적으로 자녀를 세워 가는데 부족함이 없게 하소서. 무엇보다 그들이 하나님의 자녀임을, 즉 전적으로 그들에 대한 소유권이 하나님께 있음을 인정하고, 저의 야망과 이기심을 위해 자녀를 이용하지 않게 하소서. 세상의 방법이 아닌 주님의 방법으로 양육하게 하소서. 자녀의 주체성과 개성과 인격을 무시하지 않게 하시고, 그들의 소망을 꺾지 않게 하소서. 자녀가 과도한 사랑과 과잉보호로 응석받이가 되지 않게 하시고, 자녀를 과도하게 몰아붙여 좌절하게하거나 분노하게 하지 않게 하소서. 저로 하여금 먼저 모범이 되는 아버지가 되게 하셔서 삶으로 가르치고 사랑으로 훈계하게 하소서. 세 자녀가 제 인생의 가장 아름다운 면류관이 되게 하소서.

좋은 어머니가 되기 위하여

그의 자식들은 일어나 감사하며 그의 남편은 칭찬하기를 덕행 있는 여자가 많으나 그대는 모든 여자보다 뛰어나다 하느니라 잠 31:28-29

자녀를 잉태하고 낳는 영광을 주신 하나님! 잉태와 출산은 죄에 대한 벌이 아니라, 여성에게 주신 하나님의 고유한 역할이며 영광임을 믿습니다. 주님은 여성을 통해 새로운 생명을 창조하시고, 이 땅 위에 주님의 선하신 뜻을 성취하고 계십니다. 하나님이 눈에 보이게 세상에 존재하실 수 없으셔서 어머니를 주셨다는 말처럼, 모성애를 통하여 제 자녀가 하나님의 마음과 사랑을 알게 하소서. 제가 자녀를 육신적으로 먹일 뿐 아니라 정신적으로 안정감을 주며, 영적으로도 잘 양육하게 하소서. 자녀의 특성과 자질을 잘 관찰하여, 그 잠재력과 달란트를 개발하여 하나님과 사람들을 위해 쓰게 하소서. 제가 자식만을 위하는 근시안적이고 이기적인 태도를 버리게 하시고, 하나님께 귀하게 쓰임을 받고 많은 사람을 살리는 자녀로 키우게 하소서. 자녀를 유약하게 키우거나 제 욕심대로 기르지 않게 하시고, 하나님을 경외하는 원리를 따라 말씀으로 자녀를 기르게 하소서. 남편과 잘 협력하여 자녀를 기르게 하시고, 자녀에게 존경받고, 남편에게 칭찬받는 여인이 되게 하소서.

자녀를 위한 기도

나를 존중히 여기는 자를 내가 존중히 여기고 나를 멸시하는 자를 내가 경멸하리라 삼상 2:30

저희에게 가장 귀한 선물을 주신 하나님! 하나님은 세상에 위대한 선물을 주실 때, 사람으로 포장하여 주시는 것을 감사드립니다. 저희에게 주신 자녀가 저희뿐 아니라 세상에 큰 선물이 되어 하나님께 영광을 돌리고, 하나님이 목적하신 일을 하고, 세상의 문제를 치유하는 인물이 되게 하소서. 자녀가 우리 대한민국과 예수님을 믿는 사람들을 명예롭게 만드는 인물이 되게 하소서. 자녀가 건강하게 자라면서 점차 지혜로워지고 성령이 충만하여 하나님과 사람들에게 칭찬을 받게 하소서. 세상 무엇보다 저희에게는 자녀가 소중하지만 엘리제사장처럼 하나님보다 자녀를 더 귀하게 여겨 부모와 자식이 함께 멸망의 길로 가지 않게 하소서. 아브라함과 한나처럼 어렵게 얻은 자녀라도, 자녀보다 하나님을 더욱 귀하게 여기고 순종함으로 저희와 자녀 모두가 복을 받게 하소서. 자녀를 말씀으로 잘 가르치고, 예수님을 닮은 성품과 영성을 길러 주어, 하나님께는 영광이 되고, 저희에게는 큰 복이 되게 하소서.

자녀가 탈선했을 때

초저녁에 일어나 부르짖을지어다 네 마음을 주의 얼굴 앞에 물 쏟듯 할지어다 각 길 어귀에서 주려 기진한 네 어린 자녀들의 생명을 위하여 주를 향하여 손을 들지어다 하였도다 애 2:19

귀한 자녀를 잘 양육하라고 맡겨 주신 하나님! 아이가 온전하고 아름답게 자라 하나님께 영광을 돌리는 것을 보는 것이 저희의 소망입니다. 그런데 지금 저희 아이가 탈선하여 잘못된 길로 가고 있습니다. 아이가 잘못된 길로 가면서도 저희 말을 듣지 않고 있어 저희 마음이 심히 슬프고 아픕니다. 아이를 불쌍히 여겨 주시고, 아이의 마음을 돌이켜 주소서. 사랑스러웠던 아이가 근심이 되었고, 그의 얼굴에는 어두운 그림자가 드리워져 있습니다. 이러다 잘못되는 것은 아닌지 걱정이 듭니다. 아이로 인해 먼저 저희 자신을 성찰하며 회개합니다. 저희가 아이의 마음을 아프게 하고 상처를 준 적은 없는지요? 아이에게 너무 욕심을 부려 저희 생각대로 하려고 하지는 않았는지요? 아이에게 저희가 알지 못하는 스트레스가 있는 것은 아닌지요? 저희의 우매함과 무관심과 남용과 방임을 회개합니다. 저희 아이를 붙들어 주시고 회복시켜 주소서. 탕자를 애타게 기다리는 아버지의 심정으로 기도하오니, 속히 아이의 마음을 돌이켜 주셔서 바른 길로 돌아오게 하소서.

건강한 성 생활을 위하여

아내는 자기 몸을 주장하지 못하고 오직 그 남편이 하며 남편도 그와 같이 자기 몸을 주장하지 못하고 오직 그 아내가 하나니 고전 7:4

부부간의 친밀한 결합을 위해 아름다운 성을 주신 하나님! 저희 부부가 주님이 주신 성을 소중히 여기고, 결혼 관계 안에서 합당하게 사용하게 하소서. 성관계가 육신적 결합을 넘어 정신적, 정서적, 영적인 온전한 결합의 도구가 되게 하시고, 이것을 상호 존중과 사랑으로 행하게 하소서. 성관계에 있어서 상대방에 대한 배려를 잊지 않게 하시고, 자기중심적이 아닌 배우자에 대한 이타적인 사랑을 실천하게 하소서. 세상은 하나님이 주신 신성한 선물을 왜곡시키고 타락시켜서 불륜과 외도, 혼외정사와 자유연애, 스와핑, 동성애 같은 죄악으로 물들게 하고 있습니다. 저희 부부는 세상의 풍조에 물들지 않고 서로에 대한 정절을 지키게 하소서. 부부로 맺어진 순간부터 각자의 몸이 자신의 것만이 아님을 기억하고, 상대방의 성적인 욕구를 무시하거나 멸시하지 않게 하소서. 기도할 틈을 얻기 위해 합의한 경우를 제외하고는 분방하지 않게 하소서. 허락된 관계라도 배우자의 몸의 상태와 정서적인 여건에 따라 절제하게 하시고, 상대의 의사를 무시하지 않게 하소서. 서로가 서로에게 선물이 되게 하소서.

부부가 싸웠을 때

분을 내어도 죄를 짓지 말며 해가 지도록 분을 품지 말고 엡 4:26

사랑과 긍휼이 풍성하신 하나님! 저희는 서로 사랑하고 감사하면서도 때때로 의견과 성격이 달라 대립하고 판단하는 경우가 있습니다. 자신도 부족하고 불완전하다는 것을 알면서도, 상대방에게 과도한 기대와 요구를 하며 분노하고 말로 상처를 주고 있습니다. 상대방을 고치겠다는 마음과 자신이 정당하기 때문에 화를 내는 것이 당연하다는 생각을 버리게 하소서. 저희가 주 안에서 항상 화목하게 살게 하시고, 갈등과 대립을 하지 않도록 도와주소서. 분을 내는 것으로 하나님의 의를 이루지 못한다는 것을 알게 하시고, 분을 내었다고 할지라도 해가 지기 전에 다시 화해하게 하소서. 화가 난다고 물리적, 육체적, 언어적 폭력을 행하여 죄를 짓지 않게 하시고, 사탄으로 틈을 타지 못하게 하소서. 상대를 비난하기보다는 자신의 마음을 솔직하게 표현하여 이해받게 하소서. 배우자를 돕는 자로 자신이 존재함을 기억하고, 부족해도 이해하고 아끼는 마음을 주소서. 혹시 자신의 오해와 실수 때문에 빚어진 일이라면, 용서를 구하여 관계를 회복하게 하소서.

고부간에 갈등 상황에서

룻이 이르되 내게 어머니를 떠나며 어머니를 따르지 말고 돌아가라 강권하지 마옵소서 어머니께서 가시는 곳에 나도 가고 어머니께서 머무시는 곳에 나도 가고 어머니께서 머무시는 곳에서 나도 머물겠나이다 어머니의 백성이 나의 백성이 되고 어머니의 하나님이 나의 하나님이 되시리니 룻 1:16

부모를 떠나 아내와 연합하여 한 몸을 이루게 하신 하나님! 결혼을 통해 저희 두 사람이 하나가 되었듯 가문과 가문이 결합이 되었다고 믿습니다. 배우자의 부모가 저의 부모가 되고, 배우자의 형제가 저의 형제가 된 것을 믿습니다. 배우자와 관련된 모든 사람을 사랑하게 하소서. 나오미와 룻을 본받아 이타적인 마음으로 서로를 배려하는 화목한 고부간이 되게 하소서. 시어머니는 아들을 빼앗긴 것이 아니라 딸을 하나 얻었음을 감사하게 하시고, 가정을 복되게 일으킬 사람이 들어왔다고 기뻐하게 하소서. 또한 부족하더라도 너그러운 마음으로 보게 하시고, 말로 가르치기보다 모범을 보이고 마음으로부터 감화시키게 하소서. 며느리는 시어머니를 친어머니처럼 여기게 하시고, 어머니를 공경하고 불쌍히 여기며 항상 그의 말에 귀를 기울이게 하소서. 인자한 나오미와 효성 깊은 룻을 통하여 하나님이 크신 뜻을 이룬 것처럼, 서로 아끼고 존중하는 고부관계를 통해 가문이 하나님의 축복을 받게 하소서.

불신 배우자의 구원을 위하여

아내 된 자여 네가 남편을 구원할는지 어찌 알 수 있으며 남편 된 자여 네가 네 아내를 구원할는지 어찌 알 수 있으리요 고전 7:16

모든 것을 섭리하시는 하나님! 주님은 "믿지 않는 자와 멍에를 함께 매지 말라"고 하셨는데, 저는 사랑한다는 이유로 비신자와 결혼을 하였습니다. 그러나 저는 저희를 만나게 하시고 한 가정을 이루게 하신 하나님의 섭리를 믿습니다. 배우자를 전도하여 함께 신앙생활을 하면 되겠다고 쉽게 생각하고 기도하지 못했는데, 가치관과 생활습관도 많이 달라 이제는 제 믿음을 지키는 것도 어려움이 많습니다. 제가 하나님의 인도하심을 따르지 못하고, 온전히 순종하지 못한 것을 회개합니다. 그러나 하나님은 모든 것을 알고 계셨고 모든 것에 실수가 없으신 하나님이시오니, 현재의 상황을 바꾸어 가장 선한 길로 인도해 주소서. 저의 남편/아내에게 강권적으로 역사하셔서 마음의 문을 열어 주시고, 주님을 영접하게 하소서. 제가 믿음이 없다는 이유로 배우자를 멸시하거나 공격하지 않게 하시고, 오직 사랑과 기도와 눈물로 그의 마음을 열게 하소서. 저를 통하여 남편/아내가 구원을 받게 하소서. 저희 부부가 자녀들과 더불어 믿음 안에서 온전히 하나가 되게 하소서.

불신 가족의 구원을 위하여

믿지 아니하는 남편이 아내로 말미암아 거룩하게 되고 믿지 아니하는 아내가 남편으로 말미암아 거룩하게 되나니 그렇지 아니하면 너희 자녀도 깨끗하지 못하니라 그러나 이제 거룩하니라 고전 7:14

가정을 창조하신 하나님! 천국의 모형인 가정을 하나님 중심으로 세워나가게 하소서. 천국을 앞당겨 체험할 거룩한 가족이어야 하는데, 믿지 않는 가족이 있어서 가정이 분열이 되고 믿음 생활을 하는데 하나가 되지 못하고 있습니다. 저희 가족이 육신적으로만 가족이 아니라, 영적으로도 온전히 하나가 되게 하소서. 저희 가족이 예수님만 섬기는 가족이 되고, 영원한 천국의 소망을 누리는 가족이 되게 하소서. 혈통으로나 육정으로나 사람의 뜻으로 되지 않는 이 중생의 은혜를 저희 온 가족에게 베풀어 주소서. 사랑하는 가족이 이 세상에서만 같이 살고 사후에는 영원히 이별할까 봐 두렵습니다. 믿는 저의 기도와 헌신을 통하여 가족이 감동과 은혜를 받게 하시고, 마음을 열고 예수님을 영접하게 하소서. 스스로 발길을 옮겨 교회를 향하게 하시고, 말씀과 기도와 예배가 있는 가정을 이루게 하소서. 신앙생활로 인해 각자 나뉘어진 마음을 치유하여 주시고, 하나님의 성령으로 하나 되게 하소서.

노후 부부 생활을 위하여

남편들아 이와 같이 지식을 따라 너희 아내와 동거하고 그를 더 연약한 그릇이요 또 생명의 은혜를 함께 이어받을 자로 알아 귀히 여기라 이는 너희 기도가 막히지 아니하게 하려 함이라 벧전 3:7

백년해로할 배우자를 주신 하나님! 외로운 인생길을 동반할 반려자를 주셔서 감사드립니다. 저희 부부가 서로에게 감사하고 서로를 소중하게 여기며 인생의 마지막 순간까지 건강하게 함께 할 수 있게 하소서. 가정을 꾸리며 자녀를 양육하고 믿음생활을 함께 한 것처럼, 평생을 친구처럼 즐거움과 보람을 나누며 아름답게 살게 하소서. 물질적, 정서적으로 부족한 부분은 서로 보충하게 하시고, 건강에 있어서도 서로 의지하면서 서로 위하고 존경하는 관계가 되게 하소서. 늙어가면서 서로에 대해 예의를 잃지 않게 하시고, 서로를 불쌍히 여기며, 사랑과 애정이 나날이 깊어지게 하소서. 각자의 장점과 인생 경험을 존중하게 하시고, 배우자의 인격과 품위를 지키는 일에 마음을 다하게 하소서. 자녀들이나 사람들 앞에서 배우자를 자랑스럽게 여기고, 생명의 유업을 함께 받을 자로 서로 귀히 여기게 하소서. 자녀들은 품을 떠나지만 저희는 이 땅을 떠날 때까지 함께 해로하는데, 바라건대 배우자가 너무 일찍 주님께 부르심을 받지 않게 하소서. 저희가 복되게 늙어가게 하시고, 존엄하게 죽음을 맞이하게 하소서.

실직의 위기 앞에서

주 우리 하나님의 은총을 우리에게 내리게 하사 우리의 손이 행한 일을 우리에게 견고하게 하소서 우리의 손이 행한 일을 견고하게 하소서 시 90:17

각 사람에게 재능을 주시고 일을 맡겨 주신 하나님! 저희에게 재능을 주시고 그동안 일거리를 공급해 주셔서 참 감사드립니다. 그동안 일을 통해 하나님 나라와 사회에 참여할 수 있었고, 삶의 필요를 채울 수 있었습니다. 또한 제 자신을 개발하며 인정도 받고 기쁘고 보람 있게 살 수 있었습니다. 하지만 지금 세계 경제의 변동과 예기치 못한 일들로 인해 제게 실직의 위기가 다가왔습니다. 사회적 죽음인 실직을 당하면 부양해야 할 저희 가족은 어떻게 살아갑니까? 주님, 제게는 아직 일할 수 있는 힘과 건강과 의욕이 있습니다. 그러니 제 손으로 하는 일들이 의미 있고 가치 있는 것이 되게 하소서. 주님의 지혜와 능력을 저희에게 부어 주셔서, 회사나 사회에서 꼭 필요한 사람이 되게 하소서. 실직의 위기에서 하나님이 주시는 다른 기회가 있는지 알게 하시고, 하나님이 길을 열어 주셔서 더욱 가치 있는 일을 찾게 하소서. 저희가 하는 일 위에 주님의 아름다움과 영광의 빛을 주셔서 영원의 가치가 스며늘게 하소서. 저희가 하는 일들을 견고한 반석 위에 세우셔서 무너지지 않게 하소서.

직장에서 해고되었을 때

주인이 그를 불러 이르되 내가 네게 대하여 들은 이 말이 어찌 됨이냐 네가 보던 일을 셈하라 청지기 직무를 계속하지 못하리라 하니 눅 16:2

🌿

일을 맡기시는 하나님! 불의한 청지기처럼 자신의 잘못으로 해고되는 경우도 있지만, 저는 그렇지 않습니다. 성실하게 일을 잘 해 왔는데 갑자기 그만두라는 통고를 받아 지금 너무 억울하고 막막합니다. 제가 직장에서 얼마나 몸과 마음과 정성을 다해 충성을 다했는지 주님이 아십니다. 그런데 평생직장으로 알고 일했던 곳에서 제 노고를 몰라주고 나가라고 하니 섭섭함을 이루 말할 수가 없습니다. 지나친 경쟁 사회에서 마음고생도 심했고, 불안정한 고용 상태에서 슬픔과 고통, 분노를 수없이 삭히며 견뎌 왔는데, 해고는 너무 가혹합니다. 주님, 절규하는 저희의 고통을 외면하지 마시고 들어주소서. 가장으로서 가정을 책임질 수 있도록 안정된 일터를 허락하여 주소서. 지혜를 주셔서 제가 이 상황을 어떻게 슬기롭게 대처해야 하는지 가르쳐 주소서. 예수님을 믿는다고 해서 무작정 당하거나 포기하지 않게 하시고, 하나님의 인도하심으로 이 상황이 전화위복이 되게 하소서.

직장을 구해야 할 때

구하라 그리하면 너희에게 주실 것이요 찾으라 그리하면 찾아낼 것이요 문을 두드리라 그리하면 너희에게 열릴 것이니 마 7:7

인생의 길을 지도하시는 하나님! 저희는 지금 하나님을 섬기는 마음으로 보람 있게 할 수 있는 일과 직장을 구하고 있습니다. 주님의 선하신 손길로 저희를 인도하셔서 적합한 직장을 순적하게 만나게 하소서. 앞날에 대한 막연한 두려움이 있지만, 하나님의 선하신 뜻 안에서 저희에게 주신 사명과 소명을 기대합니다. 저희의 뜻과 의지대로 직장을 결정하지 않게 하시고, 하나님의 계획과 섭리에 따라 응답되게 하소서. 열정을 엉뚱한 곳에 낭비하지 않게 하시고, 상황이 아무리 다급하여도 불의한 수입을 원하지 않게 하소서. 물질적인 필요를 따라 직업을 선택하지 않게 하시고, 그 일이 하나님과 사람을 섬길 수 있는 일인지 보게 하소서. 하나님께서 사랑하는 자를 위하여 예비하신 것은 사람의 눈으로 보지 못하고, 귀로 듣지 못하며, 마음으로도 생각하지 못한 것이라 하셨사오니, 하나님이 예비하신 그 복을 얻고자 구하고 찾고 두드립니다. 평생에 즐겁고 보람 있게 할 수 있는 일을 허락하여 주소서. 저희의 잠재력과 가능성을 개발할 수 있는 일을 주소서.

이사를 해야 할 때

이에 아브람이 여호와의 말씀을 따라 갔고 롯이 그와 함께 갔으며 아브람이 하란을 떠날 때에 칠십오 세였더라 창 12:4

나그네와 같은 인생을 인도하시는 하나님! 이 땅에는 저희가 영원히 거할 처소가 없고, 천국에 이를 때까지 하나님의 인도하심을 따라 옮겨 다니며 살아야 함을 압니다. 다만 하나님의 부르심과 인도하심을 따라 아브라함처럼 믿음으로 나아가게 하소서. 어디로 가야 좋은지 저희의 뜻을 따라 결정하지 않게 하시고, 때와 장소를 아시는 주님의 인도를 받게 하소서. 롯처럼 눈에 보이는 것을 따라 가지 않게 하시고, 하나님을 선택하고 하나님이 정하여 주신 곳으로 나아가게 하소서. 하나님이 함께 하시는 곳이 그 어디나 젖과 꿀이 흐르는 가나안인 줄 믿습니다. 어느 곳에 가든지 먼저 감사함으로 예배하고, 하나님의 이름을 부르게 하소서. 떠날 때는 과거의 잘못된 습관과 관계를 청산하게 하시고, 새로운 마음과 각오로 나아가게 하소서. 나아갈 때 과거의 익숙함을 떨쳐 버리고, 새로움을 향해 담대하게 두려움 없이 발을 옮기게 하소서. 비록 연단과 훈련이 있더라도 새로운 환경을 잘 견뎌내게 하시고, 가는 곳을 믿음으로 축복의 장소로 만들게 하소서.

가족 간에 대화가 단절되었을 때

오래 참으면 관원도 설득할 수 있나니 부드러운 혀는 뼈를 깎느니라
잠 25:15

입을 지으시고 말하는 능력을 주신 하나님! 말을 통하여 하나님께 영광을 돌리고, 기도할 수 있고, 서로를 축복하고 세울 수 있게 하심을 감사드립니다. 언어를 통하여 서로 교제하고 소통하며 사랑을 주고받게 하심도 감사드립니다. 소통이 원활할 때 형통하고, 불통할 때는 고통을 받는데, 언제부터인가 가족 간에 마음에 장벽이 쌓이고 의사소통이 잘 되지 않고 있습니다. 몸은 같이 있지만 마음은 나누지 못하는 상황에서 대화가 단절되고 서로에 대해 무관심한 분위기가 계속되고 있습니다. 어디서부터 잘못되었는지 서로를 돌아보게 하시고, 성령님이 마음의 문을 열어 주셔서 대화의 물꼬가 트이게 하소서. 온유하고 사랑스러운 말로 서로의 마음을 녹이게 하시고, 뼈보다 굳어진 심령을 부드러운 말로 녹이게 하소서. 비난이나 상처 주는 말을 하지 않고 격려하고 치유하는 말을 하게 하소서. 자신의 생각과 느낌을 지혜롭게 표현할 수 있게 하시고, 서로에 대한 사랑을 진실하게 표현하게 하소서. 경청하는 마음도 주셔서 잘 알아듣고, 지혜롭게 반응하게 하소서.

배우자가 이단에 빠졌을 때

그러나 백성 가운데 또한 거짓 선지자들이 일어났었나니 이와 같이 너희 중에도 거짓 선생들이 있으리라 그들은 멸망하게 할 이단을 가만히 끌어들여 자기들을 사신 주를 부인하고 임박한 멸망을 스스로 취하는 자들이라 벧후 2:1

저희의 영혼을 지키시는 하나님! 지금 배우자가 미혹하는 자들의 꼬임으로 이단에 빠졌습니다. 미혹하는 자들이 지금까지 알고 믿어 온 모든 것에 의심을 불어넣어, 배우자를 교묘하게 속이고, 기존 교회와 목회자를 판단하는 교만한 마음을 주어 기존의 모든 진리를 회의하고 부인하게 하고 있습니다. 배우자는 악한 영의 포로가 되어 자기가 무엇을 잘못하고 있는지도 모르고, 자신이 사랑하는 가정과 일과 교회를 망가트리고 있습니다. 배우자의 영혼과 마음과 육체가 상할까 염려가 되오니, 배우자에게 영적 분별력을 주셔서 하나님의 말씀과 사탄의 미혹을 분별할 수 있게 하소서. 하나님의 말씀 위에 바로 서서 잘못된 가르침들을 분별하게 하소서. 영적인 눈을 밝히 여셔서 이단들의 정체를 보게 하시고, 귀를 여셔서 성령님이 들려주시는 음성을 듣게 하소서. 내가 예수님의 이름으로 명하노니, 모든 미혹하는 세력은 다 떠나갈지어다! 성령님이 강권적으로 역사하셔서 배우자의 마음을 사로잡아 주시고, 진리 위에 바로 세워 주소서.

변하는 세상에서 성경적 부부로 살기

가정 문제는 변화 속도 차이

오늘날 가정의 위기는 가족 구성원들이나 사회가, 가정이 변하는 속도에 효과적으로 대처하지 못하기 때문에 발생합니다. 미래학자인 앨빈 토플러는 가정은 정부나 학교, 그리고 종교집단보다 더 빠른 속도로 변하고 있다고 했습니다. 그러므로 가정의 제반 문제는 개인들의 심리적인 입장에서뿐 아니라 사회 전체의 구조의 틀과 변화에서 봐야 합니다. 미시적인 가정 문제들은 거시적인 가정 문제들을 반영하고 있기 때문입니다. 우리는 짧은 기간 동안에 남성 중심의 가부장적 대가족제도와 성별 분업에 기초한 부부 중심의 핵가족제도, 그리고 개인 중심의 개방적 맞춤 가족으로의 변화를 경험하고 있습니다.

대가족제도는 주로 농경사회를 기반으로 하였고 가족 구성원들이 모두 생산에 참여하였으며 성에 대해서도 부정적인 인식이 많았습니다. 핵가족은 이동성이 요구되는 산업사회에 적합한 형태로 직업과 가정의 분리가 일어났고, 남성과 여성의 분업에 기초하였으며, 가족 구성원 모두는 생산보다는 소비에 함께 참여하였습니다. 성에 대한 인식도 친밀감과 즐거움이라는 적극적인 개념이 도입되었습니다. 남녀의 성별 지위를 중심으로 구성된 핵가족은 여성에게도 평등한 권리를 부여하라는 끈질긴 도전을 받아 왔습니다. 이때는 여성이 직업을 갖더라도 임시직이나 저임금을 받는, 미래가 불확실한 주변적인 직업에 머물렀습니다. 이런 점에서 산업사회는 남녀의 불평등한 역할에 의존하고 있었습니다. 집 밖에서는 시장의 논리가 적용되고, 집 안에서는 무보수 가사노동이 당연하게 받아들여졌습니다. 반나절은 산업사회에 살고, 나머지 반은 봉건사회에 머물렀습니다. 사랑이라는 이름 뒤에는 현실적 불평등이 존재하여 친밀성에 의한 '테러'가 가정에서 일어나곤 했습니다.

21세기 지식정보화사회로 접어들면서 혈연보다는 개인의 취향과 선택이 중시되는 개방적 가정관이 도입되었습니다. 결혼에서도 중요한 것은 '나'가 되었습니다. 나 중심의 이기주의가 팽배하여 '돕는 배필'이 되기보다는 '나의 보조자로서의 너'를 찾고 있습니다. 각자의 욕구를 권리로 여기는 쾌락주의, 물질주의 가치관이 가정에 들어왔습니다. 새로운 형태의 다양한 가정들이 출현하고 있습니다. 독신자가 많아지고, 계약결혼, 동성결혼, 동거, 생활 공동체적 가족까지 등장하게 되었습니다. 개인화는 산업사회가 제시한 삶의 방식, 즉 남녀에게 주어지던 성별 역할로부터 해방되었음을 의미합니다. 이제 남녀가 실제로 평등해지면서 종전의 가정의 토대는 더욱 위협을 받게 되었습니다. 성과 결혼이 분리되고, 성은 쾌락과 놀이의 도구가 되고, 결혼에서 임시성이 증대되는 경향을 보입니다. 이혼이 빈번해지면서 동시적 중혼(일부다처제)은 아니지만 연속적 순차적 중혼이 늘어나고 있습니다. 그래서 가족 구성원도 복잡해져서 '내 아이' '당신 아이' '우리 아이'로 이루어지기도 합니다. 여성들에게도 자기 성취의 욕구가 모성의 본능을 능가하고 있습니다. 여성들이 전통적인 역할에서 벗어나 자신의 인생을 찾으려고 결혼보다는 자아실현과 성취감을 추구하며 집 밖으로 나갔습니다. 결국 여성들은 더 많은 교육, 더 좋은 취업 기회, 더 적은 가사 노동의 환경을 가지게 되었습니다. 그러나 남성들은 아직 이런 새로운 남녀평등의 조류와 과거의 낡은 형태의 분업이 양립할 수 있으리라고 안이하게 생각하고 있습니다. 남성들은 생물학적 근거를 동원하여 불평등을 정당화하고 출산 능력을 가진 여성들이 자녀를 책임져야 하며 가사를 우선적으로 돌봐야 한다고 생각합니다. 여기서 남성과 여성 사이에 엄청난 시각의 차이가 존재합니다. 남성들은 지식정보화사회 환경에 살면서도 산업사회의 이데올로기를 고수하고 있는 것입니다.

그러는 사이 여성들의 경제력은 결혼 관계 안에서 여성의 위치를 강화시켜 주었고, 순전히 경제적인 이유 때문에 결혼관계를 지속해야 할 필요성으로부터 해방시켜 주었습니다. 사회에서는 이미 성역할에 대한 고정관념이 사라졌고, 여성들도 결정권을 공유하고 통제권을 획득하며 독립성을 갖추게 되었습니다. 여성들도 동등한 교육과 기회를 가지게 됨에 따라 사회적으로 남성들과 평등한 지위를 확보하게 되었습니다. 그러나 여전히 가정에서의 불평등은 해소되지 않았기 때문에 이것이 갈등의 요인이 되고 심하면 가정의 해체로도 나타납니다. 이런 긴장을 완화하기 위해서는 사적·공적 전략이 서로 연계되어야 합니다. 이를테면 유연한 노동시간, 재택근무, 적절한 사회보장제도, 직장 내 탁아시설, 가사의 단순화 내지 대행, 남성의 출산휴가나 육아를 위한 유급휴가제도 같은 것입니다. 새로운 의식과 낡은 조건 사이에 존재하는 간극은 폭발력을 지니고 있습니다. 부모나 부부로서의 인간관계의 요구와 노동시장의 요구가 충돌하면서 가정의 갈등 요인이 나타나고 있습니다. 노동시장의 요구에 따르려면 가족관계에 대한 책무를 희생시킬 수밖에 없기 때문입니다. 한 사람이 노동하고, 한 사람이 가사를 전담할 때는 서로가 조화를 이룰 수 있었지만, 두 사람 모두 노동시장에 나갈 때는 조화시키기가 어렵습니다. 두 배우자 모두 자기 일이 중요하기 때문입니다. 이제 임신, 출산, 양육, 가사에 있어서 부부가 공동 책임을 질 수 있어야 합니다. 이런 사회 환경적 변화에 효과적으로 대처하여 가정과 직장을 병행할 수 있는 사회적 지원 체제가 갖추어져야 합니다. 가정의 문제는 개인 간의 문제가 아닌 사회 변화의 산물로서 사회 구성원 모두가 공동 책임을 져야 합니다.

성경적 결혼관

현대의 개방적인 결혼관이 바람직하지 않더라도 과거로 돌아갈 수는 없습니다. 성경시대의 결혼이나 전통적인 결혼이 성경적인 결혼관도 아닙니다. 현대의 변하는 상황 가운데 성경적인 가치를 가지고 가족관계가 역동적으로 성숙되지 않으면 안 됩니다. 그러기에 결혼관에 대한 성경적으로 중요한 개념들을 창의적으로 잘 적용해나가야 합니다.

첫째, 결혼은 언약입니다. 결혼식장에 양쪽으로 자리를 배치하고 신랑 신부가 가운데로 걸어 나오는 것은 구약성경 히브리어 '베리트'(언약)에서 유래한 것입니다. 짐승을 갈라 두 쪽을 내고 당사자들이 죽음을 두고 맹세하는 변할 수 없는 언약을 맺는 것입니다. 이것은 '영원한 언약, 무조건적인 언약'입니다. 결혼은 당사자간의 약속도 아니고 조건을 맞추어 하는 계약도 아닙니다. 결혼은 하나님이 중심이 된 영원한 언약입니다. 부부 가운데 하나님의 자리가 있어야 합니다. 결혼이 제도에 대한 서약이라면 이것은 율법주의입니다. 상대방에 대한 약속이라면 이것은 인본주의입니다. 결혼은 영원히 변함없으신 하나님 앞에서 하는 언약입니다. 영원한 언약과 서로의 사랑의 관계, 그리고 법적인 제도의 보호를 받는 것입니다. 이 안에서 서로 사랑하고 사랑을 받는 것입니다.

둘째, 결혼은 은혜입니다. 세상은 공로의 원리를 따라 운영되지만 가정은 은혜의 원리를 따라 살아야 합니다. 은혜는 아무 자격이 없지만 값없이 과분하게 주어지는 것입니다. 가정은 의무감(율법) 이상인 은혜가 베풀어지는 곳입니다. 천국을 미리 경험할 수 있는 곳입니다. 산상수훈을 완벽하게 실현할 수 있는 유일한 집단이 가정입니다. 그리스도와 교회의 모형이 되는 부부는 세상에서 하나님 나라를 보여 주어야 합니다. 여기에 아가페 사랑은 필수입니다. 이 안에서 서로 용서하고 용서를 받는 것입니다.

셋째, 결혼은 상호적입니다. 결혼은 남성 중심이나 자기중심이 아닙니다. 그리스도를 경외함으로 "피차 복종하라"(엡 5:21)입니다. 상호관계 중심입니다. 모든 결혼 문제에는 이기심이 자리 잡고 있습니다. 그러나 상대방에게 요구하기 전에 자기가 해야 할 일을 해야 합니다. 부부는 보완하는 관계, 즉 '돕는 배필' 내지는 동역자입니다. 함께 성장하는 관계이고, 복종과 섬김의 관계입니다. 부부가 상하관계가 아닌 평등하다는 생각으로 상호 간의 사랑, 봉사, 신뢰, 인정이 있어야 합니다. 가족들과의 관계와 섬김에 우선적인 가치를 두면서 역할의 분리가 아니라 가사나 자녀교육에 함께 참여하는 것입니다. 성(sex)도 일방적, 의무적, 자기중심적(개인적 만족)인 것이 아니라 상대방을 배려하는 애정 있는 성관계가 되어야 합니다. 이 안에서 섬기고 섬김을 받는 것입니다.

넷째, 결혼은 친밀감입니다. 배우자는 또 다른 나입니다. 부부는 세상에 존재하는 관계 중에 가장 친밀한 관계입니다. 결혼은 각자의 인생을 살던 두 사람이 만나, 하나의 인생을 사는 것입니다. 그러다 한 사람이 먼저 죽으면 죽은 자의 몫까지 사는 것입니다. 지시 대신 깊이 있는 대화를 나누며 의논하고, 차이를 인정하고 서로 존중하며, 선언이나 요구 대신 상의를 해야 합니다. 사랑은 의지적인 선택입니다. 그러기 때문에 기술과 훈련이 필요합니다. 사랑했기 때문에 결혼했지만 이제는 결혼했기 때문에 무조건 사랑해야 합니다. 상대방의 감정의 그릇에 사랑을 많이 저축해야 대화가 원활하고 신뢰도와 행복감이 높아집니다. 대화에 있어서 기교보다는 진실성이 중요합니다. 배우자는 가장 친밀한 친구여야 합니다. 서로의 차이를 인정하고 서로를 존중하면서 함께하는 양질의 시간을 많이 가져야 합니다. 활동도 함께 하고, 비언어적인 대화도 많이 나누어 서로 비밀이 없어야 합니다. 한 몸을 이루는 육체적 성관계도 상호성과 책임성을 동반한 사랑이 있는 친밀감이어야 합니다. 이 안에서 서로 이해하고 이해를 받는 것입니다.

세상의 결혼은 언약보다는 계약으로, 은혜보다는 법으로, 친밀감보다는 소외로 치닫고 있습니다. 그러나 우리는 변하는 세상 속에서 변함없는 성경의 말씀을 따라 서로를 위해 기도하면서 하나님의 뜻에 합당한 부부로 살아야 합니다. 서로 축복해 주고(Blessing), 서로 세워 주며(Encouraging), 모든 것을 공유하고(Sharing), 서로를 부드럽게 어루만져 주는(Touching) 최상(BEST)의 커플이 되시길 기원합니다.

부부가 함께 세워져 가는
부부축복기도문
© 한기채, 장동숙 2015

1판 1쇄	2015년 6월 30일
1판 2쇄	2015년 10월 30일
2판 3쇄	2025년 4월 5일

지은이	한기채, 장동숙
발행인	조애신
편집	이소연
디자인	임은미
마케팅	전필영
경영지원	전두표

발행처	도서출판 토기장이
주소	서울시 마포구 동교로 71-1 2F
출판등록	1998년 5월 29일 제1998-000070호
전화	02-3143-0400
팩스	0505-300-0646
이메일	tletter77@naver.com
인스타그램	togijangi_books_

ISBN   978-89-7782-331-0

- 이 책은 저작권 법에 따라 보호를 받는 저작물이므로 무단 전재와 무단 복제를 금합니다.
- 이 책의 전부 또는 일부를 이용하려면 반드시 저자와 도서출판 토기장이의 동의를 받아야 합니다.

도서출판 토기장이는 생명 있는 책만 만듭니다.
"우리는 진흙이요 주는 토기장이시니 우리는 다 주의 손으로 지으신 것이니이다" (이사야 64:8)